W0472138

Andreas Buhr (CSP) ist einer der bekanntesten Speaker im Bereich Führung und Vertrieb (www.andreas-buhr.com).
Der Experte für VertriebsIntelligenz® und ©lean leadership ist Vollblutunternehmer und erfolgreicher Trainer, Buchautor, Referent und Inhaber der go! Akademie für Führung und Vertrieb AG (www.go-akademie.com).
In Detmold (Lippe) 1960 geboren, studierte Andreas Buhr Betriebswirtschaft in Bielefeld sowie Hagen und startete 1980 seine berufliche Karriere in der Finanzdienstleistungsbranche. Seine berufliche Karriere führte ihn bereits mit 28 Jahren an die Spitze einer der größten Vertriebsorganisationen in Europa. In 26 Jahren verantwortete Andreas Buhr einen Umsatz von drei Milliarden Euro mit über 1.000 Mitarbeitern in der Finanzdienstleistungsbranche.
Seine Arbeit als Referent und Trainer zeichnet sich durch große Praxisnähe, überzeugende Techniken und Engagement aus. Schließlich ist Andreas Buhr ein fesselnder Pragmatiker, der die Erfahrungen seiner Vertriebstätigkeit direkt in die Coaching- und Vortragstätigkeit integriert. In den vergangenen 25 Jahren nahmen mehr als 300.000 Menschen an seinen Veranstaltungen teil.

Impressum
Die Deutsche Bibliothek – CIP-Einheitsaufnahme

Buhr, Andreas:
Machen statt Meckern!
Mit ©lean leadership zu mehr Erfolg in wirtschaftlich schwieriger Zeit

go! Akademie für Führung und Vertrieb AG, Düsseldorf, 2009, 2. Auflage 2011
ISBN: 978-3-9812161-4-1

Herausgeber: go! Akademie für Führung und Vertrieb AG,
Grafenberger Allee 115-117, 40237 Düsseldorf, www.go-akademie.com

Redaktion und Gesamtproduktion:
text-ur text- und relations agentur Dr. Gierke,
Köln, www.text-ur.de

Layout, Satz: duofaktur GbR, Köln, www.duofaktur.de für text-ur.de

Druck: Central-Druck Trost GmbH, Solingen, www.centraldruck.de

ISBN: 978-3-9812161-4-1
Printed in Germany

Andreas Buhr

Machen statt Meckern!

Mit ©lean leadership zu mehr Erfolg in wirtschaftlich schwieriger Zeit

go! LiveVerlag

Inhalt

Vorwort

©lean leadership nennt Andreas Buhr sein Modell hervorragender Führungsqualität. ©lean leadership, das spielt mit den Worten clean für sauber, pur, rein und lean für schlank. Es geht also um einfache, schlanke Prinzipien sauberer, reiner Führung. Ist das denn wichtig und dringend angesichts krisenhafter Zustände in der Wirtschaft, angesichts des Zustandes der Welt werden manche fragen. Ja, dieses Thema ist wichtig! Es ist fundamental wichtig! Es ist mit Sicherheit das wichtigste Thema überhaupt, um Menschen und Unternehmen in die Zukunft führen zu können!

Denn im Gegensatz zu früheren Wirtschaftskrisen handelt es sich bei den Entwicklungen zum Ende des ersten Jahrzehnts im 21. Jahrhundert nicht um eine Ressourcen- oder Kostenkrise – das Hauptproblem ist eine massive Werte- und Führungskrise und daraus resultierend ein gigantischer Vertrauensverlust. Wir haben festgestellt, dass wir in einer stark virtualisierten Welt gelebt haben, losgelöst von realen Werten, auf Basis von irrealen Hebeln, die in Finanzgeschäften angesetzt wurden, von denen die meisten von uns gar nichts mehr verstehen. Als diese Welt crashte, crashte vor allem unser Vertrauen, denn das war die Währung, die in dieser Welt galt. Wer kaum noch was von dem versteht, in das er investiert, muss eben darauf vertrauen, dass es irgendwie gut geht. Ging es aber nicht.

Machen statt Meckern: Wer also kann jetzt wieder Vertrauen herstellen? Nur der Zuverlässige, der mit Ruhe und Klarheit agiert und über Jahre bewiesen hat, dass er als Vorbild handelt. DAS – und nicht irgendeinen „Strahlemann" – nenne ich einen charismatischen Leader, denn solche Menschen haben schon immer ein hohes ethisches Wertebewusstsein gehabt und gelebt. Und hier reden wir gar nicht von „neuen Werten", das sind eher „alte Werte" wie Zuverlässigkeit, Zielorientierung, Klarheit und nachhaltige Wertschöpfung.

Als erfolgreicher Unternehmer, als Coach, Trainer, Referent und Erfolgsbuchautor hat sich Andreas Buhr seit vielen Jahren mit den grundlegenden Prinzipien *wert*-voller Führung beschäftigt. Was ich faszinierend finde: Dass er das Thema *wert*-volle Führung bereits von Anfang an als wesentlichen Faktor seines VertriebsIntelligenz®-Systems mit der Zielsetzung „Umsatz-Maschine" entwickelt hat. Gewinn ist bei Buhr immer win-win, ökonomischer Erfolg hat etwas mit Sinn, mit (klassischen) Werten zu tun. Führung, die auf Werten beruht und zu Wert, zu Wertschöpfung, führt.
Wir bei der Scheelen® AG setzen uns aus anderem Blickwinkel mit den Kompetenzen auseinander, die hervorragende Führung ausmachen. Gerade deshalb habe ich dieses kleine Buch von Andreas Buhr mit Genuss und Gewinn gelesen. Nicht nur, weil es außergewöhnlich schön gestaltet ist. Glauben Sie mir, ich habe oft genickt. Denn in seinen 10 Prinzipien der ©lean leadership

fasst Buhr wirklich beispielhaft zusammen, was wichtig ist, um sich zur besten Führungskraft zu entwickeln, die man sein kann.
Mein Tipp: Nehmen Sie unbedingt seine „Machen statt Meckern"-Anregungen am Ende jedes Kapitels wahr. Denn nur im Tun können Sie etwas ändern. Erwarten wir Führung nicht von anderen. Führung beginnt zuallererst damit, wie wir uns selbst führen.

Frank M. Scheelen
Vorstandsvorsitzender SCHEELEN® AG
Präsident Q-Pool 100

*„Diese Krise wird so lange dauern,
wie die Herde der Multiplikatoren
Anlass für schlechte Nachrichten sieht und
die Herde der Empfänger
sich davon beeindrucken lässt."*

Süddeutsche Zeitung
März 2009/mel

©lean leadership
Führung nach den Prin
der Wesentlichkeit

pien

Hiob ist tot!

Und selbst ihm war nach seinen Prüfungen noch ein langes und glückliches Leben in Reichtum beschieden.
Warum sollen wir also wie hypnotisierte Kaninchen auf immer neue Hiobsnachrichten warten?

Sind Sie es auch leid, mit ständigem Jammern und Meckern um Ihre unternehmerische Motivation gebracht zu werden?
Dann ändern wir mal die Blickrichtung und fragen nicht: Welchen Schaden können die unleugbaren Auswirkungen einer Wirtschaftskrise auf mein Unternehmen, auf mich haben. Sondern: Was können wir jetzt tun, um besser durchzukommen?
Was werden wir aus dieser Krise lernen?
Was werden wir besser machen, um bessere Ergebnisse zu erzielen?
Machen statt Meckern heißt daher die Devise! Das bedeutet nicht, einfach wirtschaftliche Schwierigkeiten zu leugnen oder faktischen Herausforderungen naiv mit übertriebenem „positivem Denken“ zu begegnen. Sprücheklopfen oder „Pfeifen im Walde“ löst auch keine Probleme. Meckern aber schafft neue Probleme, denn es baut Barrieren im Kopf auf. Barrieren, die Entscheidungsräume verschließen. Die den Blick für Optionen verstellen. Die Hemmschwellen vor Taten auftürmen. Erfolg aber ist, was *erfolg*t auf das, was wir tun. Und wie wir es tun. Handel kommt von handeln – und wer jetzt erfolgreich (H)handeln will, muss ein Macher sein. Oder werden.

Machen statt Meckern – sind Sie ein Macher?

Macher verstehen den Handlungsbedarf – und handeln. Sie sehen die Herausforderungen, aber sie lamentieren nicht lange darüber. Sie holen sich so viele bedeutungsvolle Informationen, wie sie erhalten können und wie sie wirklich brauchen, um Entscheidungen zu treffen. Bedeutungsvolle Informationen heißt, sie sind relevant dafür, begründete Zukunftsszenarien zu entwickeln, zwischen diesen abzuwägen, Gewinnmöglichkeiten und Risiken abzuschätzen und eines der Szenarien als die machbare Option auszuwählen. Bedeutungsleere Informationen sind Krisenbotschaften, die zu Panikmache führen oder interessensgefärbte Lösungsmodelle anbieten; Spekulationen, die das Papier nicht wert sind, auf dem sie veröffentlicht sind.

„Das Leben wird vorwärts gelebt und rückwärts verstanden."

Søren Kierkegaard,
dänischer Philosoph und Schriftsteller

Macher wissen: Es gibt keine sicheren Entscheidungen – denn bis „zur Sicherheit" hat schon ein anderer für sie entschieden. Entweder eine bessere Führungskraft oder das wirtschaftliche Ergebnis. Eine Entscheidung ist immer nur aus der Retrospektive eine sichere Option. Der entscheidende Moment kann immer nur die Wahl zwischen verschieden wahrscheinlichen Eintrittsszenarien mit unterschiedlich erwünschten Ergebnissen sein. Macher sind aber keine Hasardeure. Sie setzen nicht wie Glücksspieler auf das höchste Risiko, das gleichzeitig den höchsten Gewinn

verspricht. Vielmehr treffen sie aufgrund folgender fünf Faktoren begründete Entscheidungen:

1. Kenntnis
2. Erfahrung
3. Intuition
4. Verantwortung
5. Pragmatismus

Diese Beobachtung werde ich später, im 4. Gesetz der ©lean leadership, noch ausführen. Sie stammt aus vielen Jahren, in denen ich als Unternehmer und Trainer Menschen begleitet habe, die außergewöhnlich stabil, langfristig und mit ruhiger Hand wirtschaftliche Erfolge erzielten. Macher finden sich besonders oft in mittelständischen Unternehmen, und zwar auf allen Ebenen. Vom Chef über den Vertriebsleiter bis zum Arbeiter, Verkäufer, Sachbearbeiter, Trainee. Macher finden sich auch im privaten Leben – aber die meisten werden sich als Gründer, Selbstständige, Führungskräfte beweisen wollen.
Macher packen an, wo andere einpacken.
Sind Sie ein Macher?

Dann werden wir gemeinsam sehen, was richtig gemacht werden kann. Denn richtiges (wirtschaftliches) Handeln beweist sich immer, nicht nur in der Krise. Ich sage: Es gibt eine Reihe von zehn *wesen*tlichen Prinzipien für ergebnisorientiertes Handeln. Für Handeln, das nach vorne führt. Kurz: Für Führungs-Handeln.

Diese zehn Prinzipien ruhen auf drei Säulen:
Nachhaltigkeit, Gewinnorientierung, Werte-Basis.

Erste Säule: Nachhaltigkeit – Oder: Warum kurzfristiges Denken Zukunft kostet

Nachhaltigkeit bedeutet, dass die Ziele und Maßnahmen unseres wirtschaftlichen Handelns langfristig funktionierend angelegt sein müssen. Das heißt nicht, dass sie auf die lange Bank geschoben werden, sondern dass sie darauf zielen, die Zukunftstrends zu antizipieren und ihnen strategisch gerecht zu werden. Dafür braucht es eine tragfähige Vision der (Unternehmens-)Zukunft. Nachhaltig bedeutet zudem, dass wir etwas von Wert schaffen. Etwas, das Kunden nachweislich und langfristig nutzt.

Etwas Echtes. Etwas Zuverlässiges, das künftigen Ressourcen, Ansprüchen, Märkten gerecht wird. So definiert auch der Rat für Nachhaltige Entwicklung, der die Bundesregierung berät, **drei gleichberechtigte Aspekte der Nachhaltigkeit: ökologische, soziale, ökonomische.**

Hier bringt uns nur eine langfristige Betrachtungsweise weiter. Dabei lautet Aufgabe 1: Zukunftstrends und Zukunftsmärkte erkennen und auf das eigene Unternehmen beziehen. Aufgabe 2: Mit dieser Kompetenz

eine Vision entwickeln, welche Werte, welche Leistungen, welchen SINN das eigene Unternehmen in diese Märkte einbringen wird. Aufgabe 3: Risiken absichern. Aufgabe 4: Ressourcenschonende Entwicklungen und Prozesse anleiten. Aufgabe 5: Die Gegenwart managen in Hinsicht auf Kundennutzen und eben **langfristige Gewinnorientierung.**

Wie Gewinne kurzfristig zu steigern sind, ist kein Geheimnis und gerade in den letzten Jahren des Shareholder-Value-„Wahns" Vieltausendfach vorgeführt worden: Mitarbeiter entlassen, Investitionen streichen, Marketingmaßnahmen eindampfen, Aus- und Weiterbildungskosten drastisch reduzieren, Forschung und Entwicklung (nahezu) einstellen, echte Innovationen vermeiden. Natürlich steigt so der Gewinn kurzfristig – langfristig sind diese Unternehmen tot. Die Leistungsfähigkeit nimmt ab, letztlich verlieren auch die Anteilseigner, Aktionäre und Besitzer des Unternehmens.

Zweite Säule: Gewinnorientierung – Oder: Warum Umsatz-Maschinen ihrer gesellschaftlichen Verantwortung gerecht werden

Der gesellschaftspolitische Auftrag von Unternehmen ist es, dem Markt und den Kunden Produkte und Dienstleistungen zu einem fairen Preis-Leistungs-Verhältnis zur Verfügung zu stellen, Kunden das Leben zu verschönern, nachhaltig zu produzieren und damit Umsatz zu machen. Erfüllen sie diesen Auftrag gut, werden Unternehmen zu Umsatz-Maschinen, werden Arbeitsplätze und sozialer Wohlstand geschaffen. Das ist, verkürzt zusammengefasst, ein Ergebnis erfolgreichen und nachhaltigen unternehmerischen Handelns. Gewinnorientierung ist schlicht notwendig, um diesen Auftrag auch morgen noch ausführen zu können. Dann macht Gewinn Sinn.

Dafür brauchen Unternehmer und Manager einen ausgeprägten Sinn für Verantwortung. Verantwortung nach innen für Prozesse und Qualität und nach außen für die Wirkung des eigenen Verhaltens auf die Öffentlichkeit. Die wachsende Globalisierung der Märkte erfordert grenzüberschreitende Verantwortungsübernahme. Im Wort „Verantwortung" steckt die „Antwort" – meines Erachtens nach müssen Unternehmer, Manager, Macher auch Antworten geben auf die sozialen, wirtschaftlichen und politischen Fragen unserer Zeit. Die Verantwortung der Unternehmer geht soweit, sich in die Gestaltung der politischen Rahmenbedingungen einzubringen, die Regularien mitzugestalten und mitzutragen. Gewinnorientierung ist entscheidend – aber Gewinn heißt nicht, auf dem Rücken anderer Ressourcenraubbau zu betreiben.

Das genaue Gegenteil ist der Fall, hält die brandaktuelle Studie „Wettbewerbsfaktor Energie" von McKinsey beispielhaft fest: Sie prognostiziert 2,1 Billionen Euro Marktpotenzial weltweit 2020, Wachstumsraten von 13 Prozent – was in Deutschland 850.000 neue Arbeitsplätze in energierelevanten Segmenten bedeuten könnte -, Energieeinsparvolumen für deutsche Haushalte und Unternehmen von 53 Milliarden Euro durch sinnvolle Sparmaß-

nahmen. Konkret: Unternehmen, die ihre Fertigungsstraßen auf eine möglichst energiearme Produktionsweise umstellten würden, könnten ihre Ebit-Marge auf diese Weise um mehr als zehn Prozent steigern. Energiesparen (!) würde so zum entscheidenden Wettbewerbsfaktor der Zukunft.
Hier schließt sich der Kreis zur Nachhaltigkeit! Sinnhaftigkeit, Ethik, ökologisches und ökonomisches Verhalten gehören auch zur Gewinnorientierung!

Dritte Säule: Werte-Basis – Oder: Warum ist die jetzige Krise vor allem eine Führungskrise?

In der 2008 beginnenden Finanz- und Wirtschaftskrise wurde vor allem auch eines offenbar: eine unübersehbare Führungskrise! Topmanager zeigen mit dem Finger aufeinander, weisen Schuld von sich, verweisen auf die Gier der Anleger und Share Holder, zeigen sich erstaunt ob desaströser unternehmerischer Kennzahlen, die plötzlich „hochzukommen scheinen". Und an vielen Stellen offenbart sich eine Datensammelwut in Unternehmen, Ausspähungen von Daten, die sich gegen Kunden und Mitarbeiter richten – nichts weiter als Beweise für Misstrauensvoten gegen die eigene Mannschaft. Und damit auch Misstrauensvoten gegen das Vertrauen in die eigenen Fähigkeiten, Kunden und Mitarbeiter richtig zu führen.
Worin sollte dieses Vertrauen auch begründet sein, scheinen doch alle wichtigen Werte, die guter Führung zugrunde liegen, wenig gezählt zu haben – oder noch zu zählen!

Bewiesen: Werte schaffen Wert im Unternehmen

Vertrauen, Verantwortung, Respekt, Integrität, Nachhaltigkeit und Mut: Das sind die sechs wichtigsten Werte, die Topmanager in einer Umfrage der „Wertekommission – Initiative wertebewusste Führung e. V." herausstellen. Gleichzeitig zerstören sie oftmals genau diese Werte. Dass es um das gegenseitige Vertrauen zwischen Führungskraft und Mitarbeitern von beiden Seiten traurig bestellt ist, bestätigen viele Studien: Integrität – angesichts aktueller und krasser Beispiele von hochbezahltem Missmanagement ein geradezu verhöhnter Wert.

Mut – Mut zur Kritik, Mut zum Querdenken, Mut zur Innovation wird in vielen Firmen nahezu bestraft, zumindest jedoch ignoriert.

Dabei gibt es eine Korrelation, eine erkennbare Verbindung zwischen gelebten Unternehmenswerten und überdurchschnittlichem finanziellem Erfolg! Das beweist eine weltweite Befragung von Booz Allen Hamilton und dem Aspen Institut. Es stimmt also, dass Werte Wert schaffen!

Die Gründe: Die Financial Leader zeichnen sich durch einen schriftlich fixierten Wertekodex aus, der allen Mitarbeitern eine feste Richtschnur, Orientierung und Klarheit gibt. Und diese Firmen sind überzeugt davon, damit ihre Reputation, die Bindung ihrer Kunden und die Loyalität und den Enthusiasmus ihrer Mitarbeiter steigern zu können!

Wertschätzung kommt vor Wertschöpfung

Bleibt die Frage, wie es solchen Erfolgsunternehmen gelingt, die beschriebenen Werte auch zu leben, nicht nur in Grundsatzpapieren festzuhalten. Basis dieses Handelns ist, so simpel es klingt, echte gegenseitige *Wert*schätzung. Ein wichtiger Wert, der derart in Vergessenheit geraten ist, dass Unternehmen ihn nun wieder bewusst leben und trainieren! Und das ist meiner Erfahrung nach auch dringend nötig!

Denn natürlich ist die Führung eines Unternehmens, einer Einzelfirma oder eines Konzerns heutzutage ein schnelles, oft knallhartes Geschäft. Dabei bleibt echte *Wert*schätzung zu oft auf der Strecke. Führungskräfte haben kein Vertrauen in die Zuverlässigkeit, Entwicklungsfähigkeit oder Arbeitsleistung ihrer Mitarbeiter, betrachten sie als Kostenfaktor. Mitarbeiter erkennen in ihren Vorgesetzten keine echte Autorität, gehen in die innere Kündigung oder arbeiten sogar aktiv gegen die Führungskräfte. Auch an echter *Wert*schätzung der Kunden und potenziellen Kunden herrscht oft Mangel: Von „LEO", von „leicht erreichbaren Opfern" soll in manchen Branchen in Bezug auf ältere oder vertrauensselige Kunden gesprochen werden! Wer nicht Kunde wird, hat selbst Schuld. Wer Kunde ist, soll möglichst nicht mit Sonderwünschen nerven. Wer gekauft hat, braucht keinen Service mehr. Und fürs Verkaufen reichen scheinbar ein aufgesetztes Lächeln und vorgetäuschtes Interesse. Aber *Wert*schätzung kommt immer vor *Wert*schöpfung!

Als ©lean leader leben Sie das Vorbild

*Wert*schätzung ist aber keine Währung, die eingefordert und abgezählt werden kann. Es ist ein Faktor der Unternehmens-, ja, der Lebenskultur, der täglich vorgelebt werden muss. Und das beginnt bei Ihnen! Bei Ihrer persönlichen Einstellung, Haltung und Handlung. Sie können nur fordern, was Sie auch leisten. Umgekehrt: Was Sie vorleben, werden Sie fördern. Wo Ihre Aufmerksamkeit hinfließt, wo hinein Sie (auch) Energie investieren, das wächst. Als Führungspersönlichkeit verfügen Sie im System der ©lean leadership über einen Hebel, mit dem Sie das Verhalten Ihrer Mitarbeiter beeinflussen können – nämlich Ihr eigenes Verhalten; Verhaltensänderung ist durch Vorbildwirkung erreichbar. „Führen durch Vorbild" ist eine ebenso probate wie ethisch legitimierte und erfolgreiche Führungsmethode.

Ein Großteil des faktisch existierenden Glaubwürdigkeitsproblems der Führungskräfte hat gewiss damit zu tun, dass zwischen geäußertem Wort und beobachtbarer Handlung oft Unterschiede existieren. **Menschen orientieren sich immer am beweisenden, handelnden Vorbild, statt an dem, was nur mit Worten gefordert wird!**

„Handle so, dass die Maxime deines Willens jederzeit zugleich als Prinzip einer allgemeinen Gesetzgebung gelten könnte."

Immanuel Kant,
deutscher Philosoph

Und dabei möchte ich nochmal betonen, dass letztlich jeder eine Führungspersönlichkeit ist. Zumindest führt jeder Mensch ein Leben und damit sich selbst. Sobald Sie Verantwortung für andere Menschen, für Mitarbeiter übernehmen, bedürfen Sie natürlich besonderer Kompetenz in der richtigen Selbstführung. Denn wie Sie sich führen, so fühlen Sie sich auch! Genau das strahlen Sie auch aus! Dazu kommt unzweifelhaft der zweite Faktor: Wie Sie sich führen, so führen Sie auch andere!

Warum sollten wir die besten Führungskräfte sein, die wir werden können?

Die besten Führungskräfte, die wir werden können – was heißt das überhaupt? Die besten Führungskräfte sind die, die einem hohen moralischen Anspruch genügen, hervorragende Ergebnisse erzielen und sich dabei als Menschen auch noch weiterentwickeln. In der Kürzestformel also: moralisch-integer, wirtschaftlich-erfolgreich, ergebnis- und gewinnorientiert. Sie beweisen sich immer am Ergebnis. Und das klärt auch die Frage, WARUM wir die besten Führungskräfte sein sollen, die wir werden können. Weil wir nur damit die besten Ergebnisse erzielen können. Dieser Zusammenhang ist durch Studien und Umfragen gut belegt. So gaben beispielsweise 85,4 Prozent aller Befragten in der Studie „Die Erfolgsfaktoren für den nachhaltigen Unternehmenserfolg“ (inu GmbH, 1997) an, dass Werte einen hohen Einfluss auf diesen Erfolg haben. An der Spitze übrigens „Führungswerte“ wie „Berechenbarkeit der Führenden“ und „Kongruenz zwischen Worten und Taten“!

Echte Leader schaffen die Bedingungen für Spitzenleistung

In meiner langjährigen Tätigkeit als Unternehmer, aber auch im Coaching und Training habe ich festgestellt, dass sich nur bei entsprechender Werte-Ausrichtung exzellente und ergebnisorientierte Top-Teams bilden und auf hohem Niveau halten. Wer seinen Mitarbeitern als „Leitstern" vorangeht, ihnen klare Ziele gibt und mit Offenheit und Vertrauen begegnet, vermittelt damit auch alle Informationen und Werte, die zum Erfolg führen!

Erfolgreiche Führungskräfte schaffen auf dieser Basis eine Arbeitsatmosphäre voller Motivation und Freude an der Innovation. Sie beherrschen die Faktoren der ©lean leadership, der herausragenden Führung. Das geht natürlich nur, wenn die Führungskraft dabei authentisch agiert. Wenn sie selbst in Übereinstimmung zwischen ihren innersten Werten und den Werten des Unternehmens handelt. Die Übereinstimmung von inneren und „äußeren" Werten bedeutet Authentizität, sie führt zur motivierten Leistung, zu Enthusiasmus, zu finanziellem Erfolg.

Die Zukunft wertvoll gestalten: Die zehn Regeln der ©lean leader

Herausragende Führung also ist wichtiger denn je! Und das Modell dafür nenne ich ©lean leadership, also: saubere, klare und *wesen*tliche Führung. Das ist mehr als nur ein gutes Management, mehr als eine saubere „Verwaltung" der Führungstätigkeiten.

©lean leadership bedeutet Respekt und Integrität gegenüber Mitarbeitern. Es bedeutet Menschenführung nach den Prinzipien der *Wesen*tlichkeit. Reduziert auf das Essenzielle, auf Authentizität, Wert- und Nachhaltigkeit. Stets bezogen auf das Ziel der Umsatzsteigerung und Ertragsorientierung – denn nur so können Unternehmen ihrem gesellschaftlichen Auftrag nachkommen. Um diesen Kern, um dieses *Wesen*tliche geht es in herausragender Führung von Menschen. Und zwar auf allen vier Ebenen der Führung: Selbstführung, Führung im Dialog (eins-zu-eins), Teamführung, Unternehmensführung. Dazu stelle ich Ihnen in den folgenden Kapiteln die zehn Prinzipien der ©lean leadership vor, die Sie als Führungskraft herausragend machen.

So werden Sie vom Macher zum ©lean leader

Um zur ©lean leadership zu gelangen, bedarf es vor allem zweier Dinge: Erstens Ihrer Entscheidung, ein ©lean leader zu werden – und damit die beste Führungskraft, die Sie sein können. Und zweitens der Introspektion, der andauernden Selbstprüfung. Nur wer sich immer wieder selbst hinterfragt und quasi von außen betrachtet, wer sein Wirken und Tun an messbaren Kriterien misst, wird einen fortgeschrittenen Kompetenzgrad der Selbstführung erreichen – und damit die Voraussetzung für die Führung von Menschen entwickeln.

Wie wir schon gesehen haben, müssen Sie sich dafür sowohl auf der rational-sachlichen als auch auf der emotionalen Ebene

„beobachten", denn beide Aspekte schlagen sich in den Ergebnissen Ihrer Arbeit und Ihrer Zusammenarbeit mit Mitarbeitern, Kollegen (und auch Familienmitgliedern und Freunden) nieder. Sie prüfen sich gewissermaßen „auf Herz und Hirn".
Zwar haben Heidelberger Forscher im Frühjahr 2009 einen Siliziumchip entwickelt, der über 200.000 künstliche Nervenzellen mit 50 Millionen künstlichen Synapsen, also Querverbindungen, verfügt, und sie arbeiten an der Entwicklung von noch potenteren Superchips „mit Hirnfunktion" – doch solange Menschen andere Menschen führen, gibt es zwei Ebenen, auf denen Führungsverhalten geschieht: Ihr Kopf und Ihr „Bauch". Ihre Ratio und Ihre Intuition. Ihr Entscheider-Wissen und Ihr Entscheider-Gefühl.

An beiden Aspekten zu arbeiten, ist eine herausfordernde Aufgabe. Vielleicht befürchten wir, dass sie uns überfordern könnte. Gerade Macher neigen dazu, fassbare Dinge mit klaren Prozessen zu optimieren. Dann Haken daran setzen und die nächste Baustelle anfahren. So funktioniert es aber nicht mehr. ©lean leader setzen auf der Ebene der Essenz, der Werte, des *Wesen*tlichen an. Und je grundlegender die Änderung ist, desto größer ist auch der Hebel!

„Wer sich nicht bewegt, wird andere nicht bewegen."

Jack Welch,
amerikanischer Topmanager

„Nicht weil es schwer ist, wagen wir's nicht, sondern weil wir's nicht wagen, ist es schwer", hat schon der römische Philosoph Seneca gewusst. Oft scheuen wir im Leben vor etwas zurück, weil es uns unerreichbar scheint. Oder weil wir Unbequemlichkeiten auf dem Weg dorthin befürchten. Weil wir uns verändern müssen, um zum Ziel zu gelangen. Aber haben wir denn schon aufgehört, daran zu glauben, dass wir uns verändern können?
Wir wissen doch, dass, nur wer verändert, Neues und Besseres schaffen kann. Dass nur wer sich verändert, sich besser erschaffen kann. Denn es geht nicht nur schlicht um „Change" – um die Veränderung der Veränderung willen. Es geht um die Verbesserung, die durch Wandel erreicht werden kann!

„Wenn ein Manager sich nicht selbst führen kann, werden ihn keine Fähigkeit, Fertigkeit, Erfahrung und kein Wissen zu einem leistungsfähigen Manager machen."

Peter F. Drucker,
amerikanischer Managementlehrer und -publizist

Sind wir die besten (Selbst-)Führungskräfte, die wir werden können? Sind SIE die beste Führungskraft, die Sie sein können?

Machen statt Meckern:

Hier sind drei konkrete Anregungen, die Sie MACHEN werden, statt nur zu meckern. Ich verspreche Ihnen, dass Sie wirklichen Nutzen für Ihren unternehmerischen Erfolg daraus ziehen können:

1. Entscheidung treffen
2. Vorbildfunktion hinterfragen
3. 3 Säulen überprüfen

1. Entscheidung treffen

Wollen Sie die 10 Prinzipien herausragender Leader kennenlernen?
Wollen Sie mit diesem einfachen und grundlegenden Handwerkszeug zu der besten Führungskraft werden, die Sie werden können?
Wollen Sie, dass Ihr Unternehmen von Ihrem Kompetenzfortschritt profitiert und Sie gleichzeitig sicherer in Ihren Entscheidungen werden und sich dabei glücklicher fühlen?

Dann ist Ihre erste Aufgabe, JETZT eine Entscheidung zu treffen. Die Entscheidung für ©lean leadership. Die Entscheidung, offen für die kommenden Vorschläge und Anregungen zu sein und auf sich selbst anzuwenden, was Sie am meisten voranbringen wird.
Und das wird IMMER das sein, das Ihnen momentan noch am fernsten liegt! Dasjenige, das Sie eben noch nicht ständig praktizieren, das sie am stärksten aus Ihrer bequemen geistigen Komfortzone herausholen wird!

2. Vorbildfunktion hinterfragen

Diese Anregung benötigt nur etwas Introspektion. Hinterfragen Sie selbstkritisch, ob Sie wirklich immer Ihrer Vorbildfunktion als Führungskraft gerecht werden. Leben Sie Ihre Aufgabe? Tun Sie momentan, was aktuell notwendig ist? Leben Sie vor, was Sie von anderen verlangen?

3. Säulen überprüfen

Sie erinnern sich: Die 10 Prinzipien der ©lean leadership ruhen auf den 3 Säulen Nachhaltigkeit, Gewinnorientierung, Werte-Basis.
Für diese konkrete Aufgabe nehmen Sie sich bitte wirklich 5 Minuten Zeit: Machen Sie JETZT eine Bestandsaufnahme, ein Momentbild Ihres Unternehmens hinsichtlich dieser 3 Säulen.
Notieren Sie sich, was Ihnen dazu einfällt, notieren Sie sich auf jeden Fall, was Sie konkret verändern müssen.

Das 1. Prinzip der

Das Wesen der Dinge ist immer einfach und entscheidend

©lean leadership:

Auf das *Wesen*tliche reduzieren ist ein harter Prozess, denn dazu müssen Sie sich von vielen Theorien der Führung und auch von vielem, was Sie von Ihren *wesen*tlichen Aufgaben abhält, verabschieden. Arbeiten Sie mehr am, weniger im Unternehmen. Visionen, Ziele und Strategien führen Ihre Firma in die Zukunft, nicht die Hunderte von Arbeitstunden, die Sie mehr oder weniger effizient am Schreibtisch verbringen oder die Vielzahl von E-Mails, die zwischen Ihnen und Ihren Mitarbeitern hin- und herfliegen und mit denen Ihre Teams zuweilen mehr Aktionismus als Produktivität erzeugen.

„Sind nicht die größten Wahrheiten immer auch simpel? Die zehn Gebote zum Beispiel sind ja auch simpel und trotzdem bestehen sie seit Jahrtausenden."

André Kostolany,
amerikanischer Börsenkolumnist ungarischer Herkunft

Zu viel Ballast herumtragen, sich auf verschiedenen Märkten verzetteln, versuchen, es jedem potenziellen Kunden recht zu machen, das Festhalten an Dingen, die nicht Kerngeschäft sind: Das macht verwechselbar. Das stellt in Frage. Das vernichtet Sinn. Und es führt weg vom *Wesen*tlichsten, also dem VertriebsIntelligenten® Führungsleitsatz, den es gibt. Er lautet: **Das Richtige zur richtigen Zeit, am richtigen Ort richtig und oft und konsequent tun.**

Einfach intuitiv: Das Richtige im rechten Augenblick

Wenn wir die Führungsmuster *erfolg*reicher Menschen genauer betrachten, werden wir eine bemerkens*wert*e Feststellung machen: Viele Topunternehmer treffen ihre beruflichen und geschäftlichen Entscheidungen nicht nur auf dem Weg der Ratio, sondern „aus dem Bauch heraus", intuitiv. Kennen Sie das auch, dass eine innere Stimme Ihnen sagt, was zu tun ist?

Natürlich lautet die *Erfolg*sformel nicht: gefühlsmäßige Bewältigung von komplizierten Situationen statt rationaler Lösungen. Entscheidungen sollten weder monokausal, also nur auf Basis einer Information, der Darstellung einer „Seite", noch eindimensional getroffen werden.
Damit meine ich, dass nicht nur die rationale ODER die emotionale Ebene zur Entscheidungsfindung herangezogen werden sollte, sondern beide gemeinsam. Die Entscheidungsebene, die wir erspüren, wird auch als Intuition bezeichnet.

Die Intuition hilft uns, sämtliche Wahrnehmungen, Erklärungen und Deutungen als Teil eines Lernprozesses effektiver zu begreifen und aufzuschlüsseln, als dies der Verstand allein kann. Für den Begriff Intuition gibt es vielfältige Erklärungen. Goethe spricht von einer Offenbarung, die sich aus dem inneren Menschen

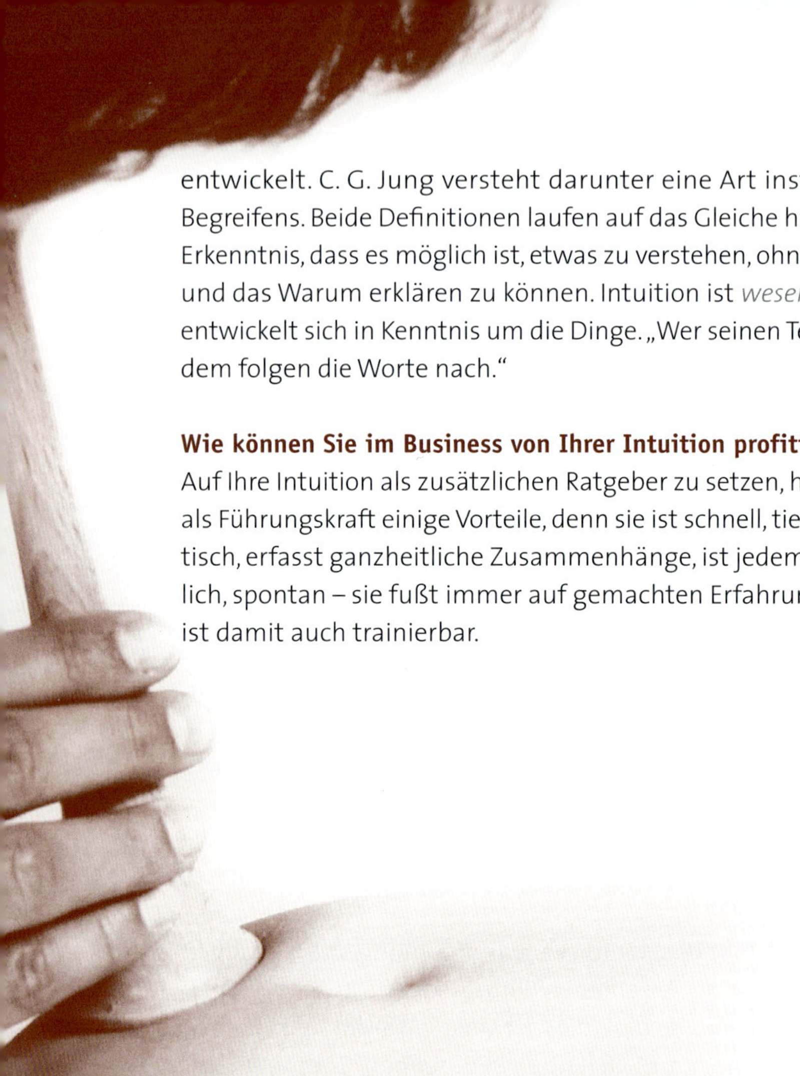

entwickelt. C. G. Jung versteht darunter eine Art instinktiven Begreifens. Beide Definitionen laufen auf das Gleiche hinaus: die Erkenntnis, dass es möglich ist, etwas zu verstehen, ohne das Wie und das Warum erklären zu können. Intuition ist *wesen*tlich. Sie entwickelt sich in Kenntnis um die Dinge. „Wer seinen Text kennt, dem folgen die Worte nach.“

Wie können Sie im Business von Ihrer Intuition profitieren?

Auf Ihre Intuition als zusätzlichen Ratgeber zu setzen, hat für Sie als Führungskraft einige Vorteile, denn sie ist schnell, tiefenanalytisch, erfasst ganzheitliche Zusammenhänge, ist jedem zugänglich, spontan – sie fußt immer auf gemachten Erfahrungen und ist damit auch trainierbar.

Wenn Sie den tieferen Sinn der Dinge erfassen und in Millisekundenschnelle innerlich be*wert*en wollen, brauchen Sie einen Schlüssel. Die Intuition ist solch ein Türöffner. Sie kommt uns meist dann zu Hilfe, wenn wir längst aufgegeben haben, ein Problem lösen zu wollen. Im Umkehrschluss heißt das: Intuition kann nicht erzwungen werden. Meist meldet sie sich dann, wenn wir an etwas völlig anderes denken, losgelassen haben, mit etwas anderem beschäftigt sind.
Bedauerlicherweise ist nun nicht jede spontane Eingebung gleich schon eine Intuition. Oft sind es auch gelernte Äußerungen oder Glaubenssätze anderer Menschen, die sich auf diese Art bei uns melden. Das macht das Erkennen schwer. Auch hier hilft Ihnen die Introspektion weiter: Die häufige Beschäftigung mit Ihren spontanen kreativen Ideen kann Ihnen helfen, zwischen Beeinflussung und Intuition zu unterscheiden.

Keine Zeit, die Intuition zu trainieren? Quatsch!

Natürlich werden einige knallharte Macher jetzt einwerfen, dass sie keine Zeit dafür haben, ihre Intuition zu schulen oder dass sie keinen Zugang zu ihrer Intuition haben. Ersteren antworte ich mit der Geschichte vom Bauer, der niemals die Nester seiner Hühner mit den schönen Eiern drin finden konnte. Jeden Abend fragt ihn seine Frau, ob er denn nun einen Hühnerstall gebaut habe, damit die Hühner nicht immer abhauen könnten – und jeden Abend verneint er mit dem Hinweis, er habe schließlich den ganzen Tag damit verbracht, hinter den Hühnern herzurennen und ihre Nester zu suchen. Tja. Manchmal muss man ein wenig Zeit investieren, um viel Zeit sparen zu können. Man kann etwas Zeit ins Training seiner Intuition investieren, damit man viel Zeit mit den falschen Entscheidungen spart! Denn im Sinne der Zielsetzung kosten falsche Entscheidungen immer viel Zeit!

Der anderen Gruppe kann ich versichern, dass Sie in der Lage sind, Vergessenes („Verschüttetes") wieder aufzurufen. Dabei speist sich das Fließen der Intuition aus mehreren Quellen: ihrer Verbindung zu ihrem „inneren Minister im Bauch", der sich eigentlich sowieso zu allem meldet, und vieltausendfachen Mini-Erfahrungen, die Sie in ihrem bisherigen Leben bereits unbewusst UND bewusst gemacht haben, und die Ihre Intuition in Millisekunden zu einer Entscheidungseinheit zusammenruft. Das ist beispielsweise bei Feuerwehrleuten nachgewiesen, die manchmal in Sekunden bei Bränden zum Held wurden, weil sie ihrer

Intuition folgten. Was dabei (auch) wirklich geschieht, haben Forscher nachvollzogen: Intuitiv werden Hunderte, wenn nicht Tausende von gespeicherten Mini-Informationen von anderen Bränden abgeglichen, aus denen eine „druckvolle“ Information entsteht: „Hier stimmt was nicht“! Das sind die Millisekunden, die Menschen vor Explosionen oder Einstürzen bewahrt haben – und deren Reaktionsschnelle sich nachher keiner mehr erklären kann.

Das WESEN der Dinge ist eben immer einfach und entscheidend.

Machen statt Meckern:

Suchen Sie sich aus den folgenden konkreten Anregungen (mindestens) eine aus, die Sie MACHEN werden, statt nur zu meckern:

1. Mental Cleaning
2. Intuition schärfen

1. Mental Cleaning

Einmal am Tag: Clean your bag. Das heißt konkret: MACHEN Sie es sich jeden Abend zur Pflicht, „Ihren Rucksack zu leeren". Und wenn es nur 5 Minuten sind – nutzen Sie dieses hilfreiche Ritual für sich. Sie werden sich sofort leichter fühlen und sich besser fokussieren können. Stellen Sie sich jeden Abend nur folgende 3 Fragen:

1. Was habe ich heute gelernt?
2. Worüber habe ich mich heute von Herzen gefreut?
   Schaffen Sie sich eine Freude – Profis schreiben die jeden Abend in ihr ©lean leadership Erfolgstagebuch, das direkt neben dem Bett liegen sollte.
3. Was werde ich morgen Neues oder anders machen?
   Auch hier reicht eine einzige Idee, die Sie mit in den Schlaf nehmen. Oft wächst sie bis zum anderen Morgen schon zu einer größeren Inspiration an.

2. Intuition schärfen

Um intuitiv handeln zu können, benötigen Sie einen guten Kontakt zu Ihrer Gefühlsebene. Voraussetzung dafür ist, dass Sie Ihre eigenen Gefühle wahrnehmen.

> Diese Fähigkeit können Sie trainieren, indem Sie sich drei- bis fünfmal täglich bewusst machen, was Sie fühlen: Sie benennen ihren momentanen Status, Ihr Gefühl mit konkreten Worten. Das machen Sie nicht laut, sondern in Gedanken. Machen Sie es präzise, ganz genau.

> Verstärken können Sie den Effekt mit simplem Training: Wenn das Telefon klingelt, „erspüren" Sie, wer dran sein könnte etc. Machen Sie ein Spiel draus!

> Wenn Sie künftig eine Entscheidung treffen, achten Sie bewusst auf Ihre erste spontane Eingebung dazu und fassen Sie sie innerlich in Worte. Vergleichen Sie, zu welchem Ergebnis Sie bei logischer Abwägung der vorliegenden Fakten kommen. Dann wägen Sie beide Entscheidungen in ihren möglichen Auswirkungen ab. Auf diese Weise bekommen Sie ein feineres Gespür für die Abläufe auf Ihrer Gefühlsebene und öffnen sich für Ihre intuitiven Eigenschaften.

Das 2. Prinzip der

Als Vorbild verbindlich und zuverlässig handeln

©lean leadership:

Als Führungskraft müssen Sie immer ein Vorbild sein – denn Sie werden durch Ihr Vorbild führen. Dazu müssen Sie „authentisch" sein, eine Übereinstimmung zwischen Ihren Worten und Ihren Taten, Ihren Werten und Ihren Wirkungen leben, verbindlich sein. Wer Wasser predigt und Wein trinkt, verliert seine Glaubwürdigkeit und Autorität. Wer aber die „buchstäblichen" Werte nicht nur trockene Worte sein lässt, sondern stets und konsequent mit Leben füllt, wird nicht nur als *wert*voll und zuverlässig empfunden, er wird auch das innere Glück und die Kraft genießen, die ihm diese Werte für seine Arbeit geben.
Solche Werte müssen – schlicht gesagt – moralische Werte im Sinne des Gemeinwohls sein. Und dieses umfasst immer auch Ihr jeweiliges Unternehmen.

„Die erste und vorrangige Aufgabe von Führungskräften ist es, sich um ihre eigene Energie zu kümmern und dann zu helfen, die Energie anderer nutzbar zu machen."

Peter F. Drucker,
amerikanischer Managementlehrer und -publizist

Die Paradoxie des Authentischen

Zunächst einmal bedeutet „authentisch" noch nicht, dass jemand besonders stark, edel, wertebewusst oder visionär ist. Das griechische „authentikos" bedeutet „echt" oder „glaubwürdig" – man kann auch ein authentischer „Vollpfosten" sein. Es gibt daher sogar neuerdings Berater, die behaupten, Authentizität sei ein Weg, seine Karriere zu zerstören. Was für ein Menschenbild haben die denn? Das stimmt schon nicht, weil der heutige Authentizitätsbegriff drei Aspekte umfasst, die eigentlich paradox sind: Brodmerkel (managerSeminare 4/2007) nennt sie bewusste Natürlichkeit, Inszenierung und Wirkungskalkül. Im Prinzip bedeutet das, dass Menschen verschiedene Teilaspekte ihres authentischen Potenzials durchaus situationsangemessen ausleben und anwenden, was sie nicht weniger authentisch macht.

Authentisch – verbindlich – konsequent: kohärent

Ich bin der Meinung, dass die momentan überall zu hörende Forderung nach der authentischen Führungskraft schlicht zu kurz gegriffen ist. Benötigt werden Führungskräfte, die verbindlich werteorientiert handeln. Die einen inneren Zusammenhang zwischen Werten und Verhalten leben. Diesen Zusammenhang kann man auch Kohärenz nennen. Kohärent handeln Führungskräfte dann:

1. wenn sie durchgehend auf Basis eines (offengelegten) Wertesystems agieren und
2. dabei verbindlich und konsequent sind.

Dann strahlen sie Vertrauenswürdigkeit und Zuverlässigkeit aus.

Wer als Führungskraft nicht vertrauenswürdig, nicht konsequent und nicht zuverlässig ist, wird höchstens ein Gefolge, keine „Follower" heranziehen. Er strahlt aus, dass er es nicht wert ist, dass man ihm vertraut, und dass Zuverlässigkeit keine Tugend ist, die ihrerseits von den Mitarbeitern erwartet wird. Konsequenz ist eine Grundtugend der Zuverlässigkeit; wer sein Fähnchen in jeden Wind hält, wird weggeweht. Konsequenz gibt zudem die Spielregeln vor, an die sich alle zu halten haben. Regeln und Konsequenz sind im organisationalen Miteinander eben auch unentbehrlich und regelwidriges Verhalten muss „Konsequenzen" nach sich ziehen. Zuverlässig.

„Ich glaube, das wird immer wichtiger werden: dass die Leute, die Verantwortung tragen, als Menschen sie selbst bleiben."

Daniel Goeudevert,
deutscher Topmanager belgischer Herkunft

Regelwidriges Verhalten richtet sich seinerseits an den grundlegenden Werten aus, die in der Organisation von allen geteilt werden. Basis sind demnach wieder die Werte, also zeichnet eine authentische Führungskraft aus,

1. dass sie sich über ihre eigenen Werte, Überzeugungen und Glaubenssätze klar ist und
2. dass sie diese innere Klarheit in ihr äußeres Tun übersetzt und

3. dass sie ihre eigenen Werte, Überzeugungen und Glaubenssätze im Idealfall in Übereinstimmung mit den Werten bringt, die das Unternehmen vertritt, in dem sie arbeitet.

Wer konsequent gegen seine eigenen inneren Überzeugungen handelt, ist ein Überzeugungstäter gegen sich selbst: Er vernichtet seine Motivation, Begeisterung und Leistungsfreude – und über kurz oder lang auch seine Glaubwürdigkeit in der Öffentlichkeit.

Schnittmenge der Wertesysteme erleichtert kohärentes Verhalten

Kohärentes Verhalten also beruht auf einem starken Wertesystem, das von einer Führungskraft in Übereinstimmung mit dem Wertesystem des Unternehmens in der täglichen Umsetzung gelebt wird. Im Idealfall stimmt es auch zu einem großen Anteil mit dem Wertesystem der Mitarbeiter überein (die sonst dort auch fehl am Platz und auf Dauer unglücklich wären). In einigen Fällen werden solche Werte so konsequent, so authentisch umgesetzt, dass sie sogar Vorbildcharakter für eine ganze Branche erhalten. Viele Beweise dafür sind in Büchern zusammengetragen worden, die sich mit den Faktoren außergewöhnlichen

geschäftlichen Erfolges beschäftigen. Ich will hier nur eines anführen, das Förster & Kreutz in ihrem empfehlens*wert*en Newsletter (www.backstage-report.com, Ausgabe 7.4.09) beschreiben: Der Online-Schuhhandel Zappos hat sich ganz dem Wert „Service" verschrieben. Und damit das Geschäft von 1,6 Millionen Dollar auf eine Milliarde Dollar zehn Jahre später ausgeweitet. Gründer Tony Hsieh wird mit den Worten zitiert, das Unternehmen habe eine Entscheidung für den Kundenservice getroffen. Und das heißt: 365-tägiges Rückgaberecht bei freiem Versand. Die Farbe gefällt Ihnen nicht? Senden Sie Ihre Schuhe innerhalb eines Jahres zurück! Was passierte? Die Entscheidung für den Wert Service wird authentisch durchgehalten, und die Kunden danken es Zappos mit Treue und sehr vielen Weiterempfehlungen.

Es wurde aber nicht nur dieser Wert der Unternehmenskultur niedergeschrieben, sondern gleich zehn. Sie lauten:

> Schaffe ein Wow-Erlebnis durch herausragenden Service.
> Begrüße Veränderungen und treibe sie voran.
> Habe Spaß und sei ein bisschen verrückt.
> Sei abenteuerlustig, kreativ und offen für Neues.
> Versuche ständig zu wachsen und zu lernen.
> Nutze die Kommunikation mit allen Stakeholdern, um offene und ehrliche Beziehungen zu schaffen.
> Kultiviere Teamgeist und eine familiäre Atmosphäre.
> Schaffe mehr mit weniger.
> Sei leidenschaftlich und zielorientiert.
> Sei bescheiden.

Naturgemäß ist authentisches und verbindliches (Führungs-) Handeln umso einfacher und effektiver, je klarer allen Beteiligten solche werte-orientierte Regeln sind. Daher ist es heute eine Standardforderung, dass Unternehmen ihren Wertekodex gemeinsam erarbeiten und schriftlich festhalten. Denn daraus leiten sich Ziele ab, die den Impuls des Erfolges bereits in sich tragen, wie wir im nächsten Prinzip der ©lean leadership sehen werden.

„Ob es besser wird, wenn es anders wird, weiß ich nicht. Dass es anders werden muss, wenn es besser werden soll, ist gewiss."

Georg Christoph Lichtenberg,
deutscher Naturwissenschaftler, Schriftsteller und Philosoph

Machen statt Meckern:

Suchen Sie sich aus den folgenden konkreten Anregungen die aus, die Sie MACHEN werden, statt nur zu meckern:

1. Authentische Werte ermitteln
2. Eigen- und Fremdbild abgleichen
3. Verbindung zu authentischen Ideen

1. Authentische Werte ermitteln

Wer nicht weiß, wo er steht, kennt auch nicht die Richtung, in die er gehen muss – und noch viel weniger, wohin er andere führt!

Ihre inneren Werte, Ihre ältesten und tiefsten Überzeugungen, das sind auch Ihre Motivatoren. Sie treiben ihr Leben und Streben mit Energie voran. Wenn Sie sich in diesem Rahmen bewegen, wird jede Bewegung leicht. Wenn Sie gegen diese arbeiten, wird auf Dauer alles schwer, laugt sie aus. Daher ist es unbedingt erforderlich, dass Sie in Abständen von zwei bis drei Jahren die Werte ermitteln, die Ihnen *wesen*tlich sind.

> Machen Sie eine Liste aller Werte, die Ihnen etwas bedeuten. Testen Sie dann jeden Wert gegen jeden anderen: Sie müssen sich immer entscheiden.
> So bleiben schlussendlich drei bis fünf Topwerte übrig, die Ihnen wirklich wichtig sind.
> Gleichen Sie diese mit dem Wertekodex Ihres Unternehmens ab. Finden Sie sie – und damit sich – dort wieder, werden Sie Ihrer Vorbildfunktion authentisch gerecht werden können.

Ist das nicht der Fall: Ziehen Sie die Konsequenz. Sprechen Sie wenigstens mit einem Coach, der Ihnen weitere Impulse geben kann.

2. Eigen- und Fremdbild abgleichen

Wann ist Ihr (Führungs-)Verhalten authentisch und verbindlich? Wenn es erstens von Ihnen selbst und zweitens von Außenstehenden wie Ihren Mitarbeitern so empfunden wird. Sie persönlich können Ihr Handeln auf Basis Ihrer inneren Werte, Ihrer Überzeugungen als authentisch oder aufgesetzt beurteilen – Außenstehende oder Ihre Mitarbeiter können das nicht. Denn diese haben im Allgemeinen keinen wirklichen Einblick in Ihre Wertebasis. Was sie beurteilen können, ist, ob ihnen Ihr Verhalten als zuverlässig-konsequent auf die Werte Ihres Unternehmens bezogen erscheint. Diese Art von Glaubwürdigkeit Ihrer Wirkung wird eben als authentisch empfunden. Und hier liegt der Hase im Pfeffer, denn die meisten Menschen glauben, dass sie als authentisch oder kohärent handelnd empfunden werden müssten – empfinden sie sich doch auch so. Aber sie wissen, was sonst keiner weiß: was in ihnen vorgeht. Mein Vorschlag: Machen Sie den Schritt vom „dumpfen Irgendwie“ zur konkreten Positionsbeschreibung. Holen Sie von Dritten, Ihren Mentoren, guten Bekannten, vertrauenswürdigen Kollegen möglichst detailliertes Feedback darüber ein,

1. ... wie Ihre Außenwirkung im System Unternehmen, Business, Privatleben ist. Hier geht es um Beschreibungen, nicht um Wertungen!
2. ... welche Vermutungen diese bezogen auf Ihr Wertesystem hegen. Also was treibt Sie wirklich an, welche Überzeugungen sind Ihnen wichtig?
3. ... wie authentisch und dauerhaft mit diesen Werten in Übereinstimmung handelnd Sie wahrgenommen werden.

Gleichen Sie nun Eigenbild und Fremdbild miteinander ab. Ich verspreche Ihnen, Sie werden zu neuen Einsichten gelangen! Nicht nur darüber, was das Ihnen „unterstellte“ Wertesystem ist, sondern auch als wie stark „in Übereinstimmung mit sich selbst“ Sie empfunden werden. Nur kohärentes Handeln ist fokussiert, klar und einfach erfolgreich!

3. Verbindung zu authentischen Ideen

Machen Sie es sich zur Regel, mindestens einmal am Tag, von der Was- in die Wie-Perspektive zu wechseln! Statt „was denke ich über Problem A oder Mitarbeiter B“ fragen Sie sich „WIE denke ich über Problem A oder Mitarbeiter B“.
Die Frage nach dem Wie bedeutet: Denke ich konstruktiv und lösungsorientiert nach, drehe ich im Kopf jedes Problem so, dass ich mich nicht mit ärgerlichen Beschreibungen oder ähnlichem beschäftige, sondern positiv auf die Lösung des Problems zusteuere?

Nur wenn Sie Ihre Gedanken nicht mit destruktiven Gewohnheiten blockieren, können Sie Verbindung zu ihren authentischen Ideen und Potenzialen bekommen und verbindlich werteorientiert handeln!

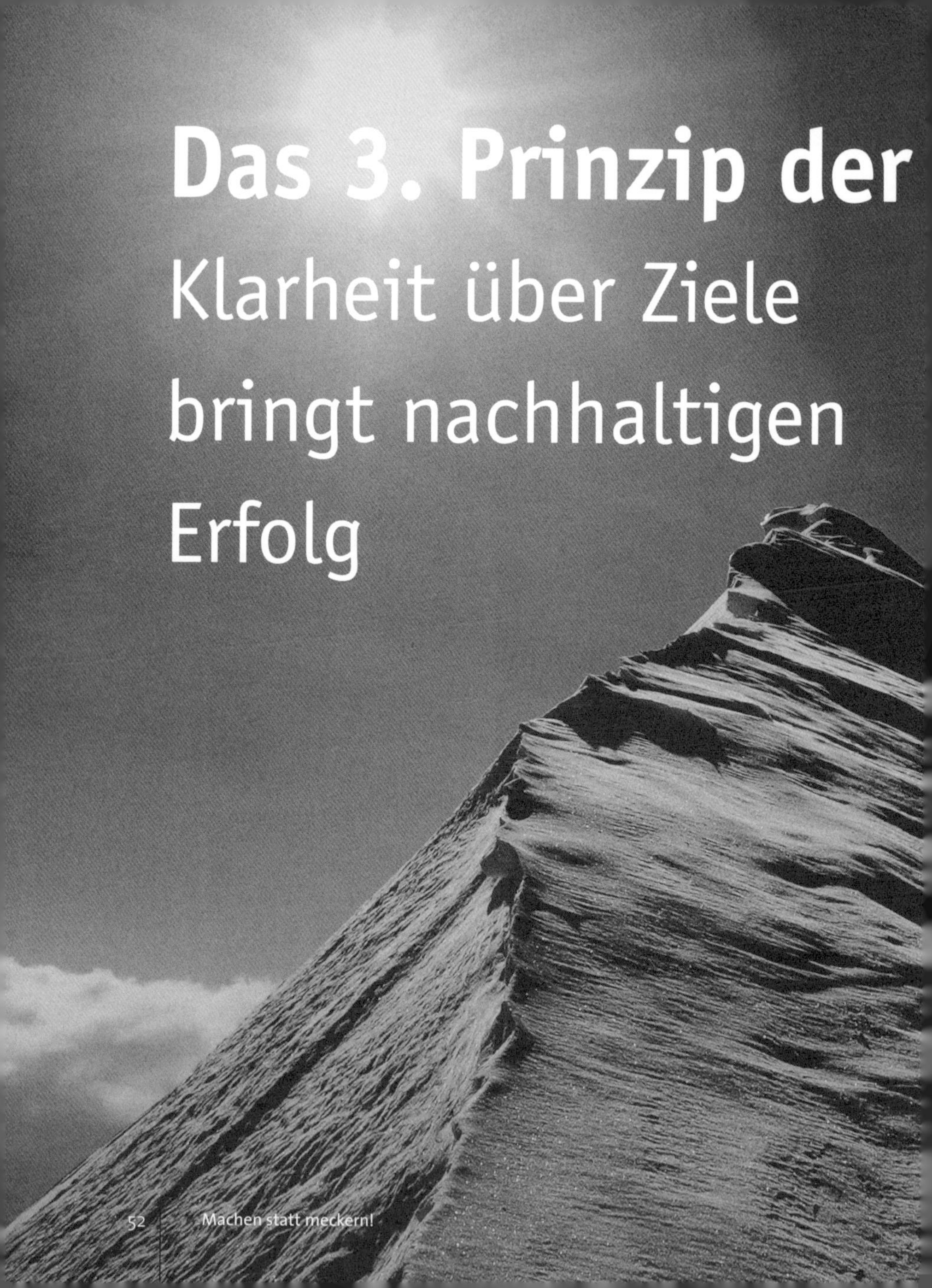

Das 3. Prinzip der
Klarheit über Ziele bringt nachhaltigen Erfolg

©lean leadership:

Klarheit über Ziele – und zwar für alle Beteiligten, das ist eine hohe Anforderung an die Führung. Ein hoher Wert. Führung beruht jedoch auf Werten. Was „das Richtige" ist, kann immer nur aus einem übergeordneten Wert abgeleitet werden.

„Der Mensch ist ein zielstrebiges Wesen, aber meistens strebt es zu viel und zielt zu wenig."

Günter Radtke,
deutscher Journalist und Schriftsteller

Solche Werte sind immer emotionale Motoren, sie sind immer grundlegend und *wesen*tlich.

Sie finden und einsetzen kann nur die ethisch und moralisch legitimierte Führungspersönlichkeit, die

> auf der ersten Ebene der Führung als Vorbild handelt,
> auf der Ebene der direkten Mitarbeiterführung unter vier Augen, also im Gespräch, authentisch und menschenorientiert Entscheidungen fällt, begründet und durchsetzt,
> auf der Teamebene dafür sorgt, dass 2 plus 2 immer 5 sind und
> das Große und Ganze der Unternehmensführung im Auge behält.

Einige Studien zeigen den deutlichen Zusammenhang zwischen Wertesystemen – angenommen hier der Wert unternehmerisches Wachstum –, abgeleiteten Zielen und Erfolg in der Erreichung. Beispielsweise eine Befragung des Bundesverbandes der Selbstständigen unter 802 Unternehmen in ganz Deutschland. Das klare Ergebnis: Je *erfolg*reicher das Unternehmen (nach Selbsteinschätzung), desto häufiger waren klare Zieldefinitionen vorhanden. Während 82 Prozent der „sehr *erfolg*reichen" Unternehmen und 78 Prozent der „*erfolg*reichen" Firmen Ziele haben, setzen sich nur 39 Prozent der „*erfolg*losen" und 54 Prozent der „sehr *erfolg*losen" Betriebe ein Ziel.

Genau so deutlich eine Langzeitstudie der Harvard Universität: Die Studierenden wurden 1979 am Ende des Studiums nach ihren Zielen für ihren beruflichen Erfolg (Wertesystem) befragt. 83 % hatten kein Ziel, immerhin 14 Prozent hatten klare Zielvorstellungen – doch nur drei Prozent hatten diese auch schriftlich formuliert. Sie hatten quasi einen Vertrag mit sich selbst gemacht. Das Ergebnis bei der zweiten Befragung genau zehn Jahre später zeigt Verblüffendes: 83 Prozent verdienen ca. 2.000 US-$, 14 Prozent verdienen das Dreifache: 6.000 US-$ - und die drei Prozent verdienen das Zehnfache: 20.000 US-$.

Wieso also machen Zielsetzungen offensichtlich so erfolgreich?
Sie können mit Spaß 100 Prozent Leistung bringen und Ihre Ziele erreichen, wenn Sie an das glauben (können), was Sie tun! Nur dann können Sie das Feuer der Begeisterung in sich und in anderen entfachen! Und dann haben Sie die Kraft, Herausragendes in Beruf, Firma und Privatleben zu erreichen.
Ziele sind „Wunderdinge", denn sie bilden die Motoren ihrer (eigenen) Umsetzung. Sie tragen quasi die Kraft zu ihrer Erfüllung in sich, da sie Sie motivieren, all Ihre Kraft dafür aufzubringen, zu sammeln und zu bündeln. Wenn es die richtigen Ziele sind, d. h. wenn es *wert*volle Ziele sind. Wenn es Ziele sind, die Sie sich klar vorstellen können. Wenn es Ziele sind, die Sie wirklich im Innersten erreichen wollen – weil sie mit dem übereinstimmen, was Sie wirklich wollen.

„Nur eins beglückt zu jeder Frist: Schaffen, wofür man geschaffen ist."

Paul Heyse,
deutscher Schriftsteller und Literaturnobelpreisträger

Persönliche Ziele kongruent zu persönlichen Werten
Kurz: persönliche Ziele beruhen auf persönlichen Werten. Wenn Sie sich – beruflich oder privat – Ziele setzen, die nicht mit Ihren innersten Wertvorstellungen übereinstimmen, dann werden Sie

nur schwer die Kraft aufbringen, diese zu erreichen. Oder Sie werden sie erreichen und dann womöglich nicht glücklich über den Erfolg sein. „Mögen all Deine Wünsche wahr werden" ist deshalb ein alter chinesischer Fluch. Denn was Menschen sich wünschen und was sie wirklich erreichen sollten, um ihrem „inneren Weg" zu folgen und kongruent zu ihren inneren Einstellungen und Werten zu leben, ist häufig ganz unterschiedlich – das haben wir im Prinzip der authentischen und kohärenten Führung schon erfahren. **Erfolg heißt: die richtigen Ziele erreichen. Die richtigen Ziele sind die, die mit Ihren persönlichen Werten in Übereinstimmung stehen.**

„Fleiß für die falschen Ziele ist noch schädlicher als Faulheit für die richtigen."

Peter Bamm (Curt Emmrich),
deutscher Arzt und Schriftsteller

Machen statt Meckern:

Hier ist eine konkrete Aufgabe, die Sie MACHEN werden, statt nur zu meckern. Sie ist so einfach und so wichtig – und damit gehören Sie zu den glücklichen 3 Prozent!

Zielfixierung

Als Unternehmer oder Führungskraft im Unternehmen ist es für Sie selbstverständlich: Sie fixieren die unternehmerischen Ziele für die nächste Zeit im Businessplan, Sie schreiben Zahlenwerke auf, notieren Fristen, kontrollieren, steuern nach.

Und genau das machen Sie JETZT für Ihre persönlichen Ziele als ©lean leader: Sie schreiben auf:

1. Was ist mein nächstes Ziel als ©lean leader?
2. Bis wann habe ich dieses Ziel erreicht?
3. Was ist ein erkennbares Zwischenziel/was sind erkennbare Zwischenziele und bis wann habe ich das erreicht?
4. Was tue ich konkret dafür, um dieses Ziel zu erreichen?
5. Und was tue ich nicht mehr, was mich vom Ziel abhalten könnte?

Dann tragen Sie sich Ziel und Zwischenziel(e) in Ihre Kalenderverwaltung auf Wiedervorlage ein und beziehen sie in Ihre Übung „clean your bag" mit ein! Nichts ist ein größerer Selbstbetrug, als Zettel, die man unter „erledigt" innerlich ablegt, mit denen man aber nicht mehr arbeitet.

PS: Falls Sie mit Ihren Mitarbeitern bisher noch keine schriftlichen Zielvereinbarungen treffen, beginnen Sie JETZT damit! Nur auf Basis dieser schriftlich fixierten Ziele können Sie konkrete Fortschritte, Defizite und nächste Schritte festhalten und überprüfen. Das gibt beiden Seiten, Ihnen und den Mitarbeitern, das gute Gefühl objektivierbaren Feedbacks.

Das 4. Prinzip der

Glück und Erfolg sind Überwindungsprämien für Mut

©lean leadership:

Entscheidungen erfordern Mut, da mögliche negative Konsequenzen drohen. Doch nur so können Sie das Glück herausragender Führung erreichen: Glück ist eine Überwindungsprämie für Sorgen und für Ungewissheit. Erfolg ist eine Überwindungsprämie für vermeintlich „richtige Entscheidungen". Sich zu Ent-Scheiden heißt ja immer auch, sich von etwas zu trennen. Ob getroffene Entscheidungen „richtig" waren, stellt sich erst im Nachhinein heraus. Oft müssen hier auf einer unzureichenden Wissensbasis Schlüsse gezogen und Risiken abgewogen werden.

Der österreichische Satiriker und Dramatiker Karl Kraus hat diesen inhärenten Konflikt wunderbar zusammengefasst: „Der Schwache zweifelt vor der Entscheidung; der Starke danach." Der Unterschied ist eben: Der Starke entscheidet.
Da scheiden sich auch die Geister: in die eher aktiven Gestalter und in die tendenziell passiven „Opfer". Ein ©lean leader aber hat die richtigen Motive für „richtige Entscheidungen" – und diese gründen auf seinem Verantwortungsbewusstsein für das Wohlergehen vieler.

„Wer das Ziel kennt, kann entscheiden; wer entscheidet, findet Ruhe; wer Ruhe findet, ist sicher; wer sicher ist, kann überlegen; wer überlegt, kann verbessern."

Konfuzius,
chinesischer Philosoph

Kommen wir doch noch einmal ganz kurz auf Hiob zurück: „Warum hast du mich dir zur Zielscheibe gemacht? Warum bin ich dir zur Last geworden?“, so fragt Hiob im Alten Testament, Buch Hiob. Von allen religiösen Implikationen abgesehen – man mag es mir verzeihen: Das sind schwache Fragen. Das sind typische Opfer-Fragen. Er argumentiert nicht, kämpft nicht, zürnt nicht. Da versteht sich einer als ausgeliefert, nicht als Herr seiner Entscheidungen. Er wird entschieden.

„Mut beruht vor allem auf dem Willen, ihn zu haben.“

Ellen Key,
schwedische Schriftstellerin

Im ersten Kapitel habe ich geschrieben, dass ©lean leader aufgrund folgender Faktoren begründete Entscheidungen treffen: Kenntnis, Erfahrung, Intuition, Verantwortung, Pragmatismus. Diese will ich hier kurz ausführen:

Die 5 Faktoren der Entscheidung

Entscheiderkraft ohne gründliche Kenntnis und gründliches Verständnis der Faktenlage ist ebenso nutzlos wie ein PS-starker Motor ohne Karosserie und Räder. Sie bringt Energie in ein System, das damit nichts anfangen kann. Und natürlich gibt es (leider) Führungskräfte, die genau das „auszeichnet". Das ist das oft erlebte Management by Helikopter, auch als „Management by aufgerissener Tür" bezeichnet: Tür fliegt auf, Chef fliegt rein, hat keinen rechten Überblick über die Sachlage, entscheidet, verschwindet, Mitarbeiter beginnt mit der Umsetzung, zwei Tage später fliegt die Tür wieder auf, Entscheidung wird revidiert. Chef hebt ab und alle Blätter flattern im heißen Wind, den er hinterlassen hat ...

Nun, selbstverständlich ist die Grundlage jeder Entscheidung die Ausfilterung zielorientierter Information. Das Problem des Managers, der Führungskraft ist im Allgemeinen ja nicht ein zu Wenig an Information, sondern ein zu Wenig an guten Filtern. Professionelle Entscheidungsvorlagen enthalten daher immer Profile mit den *wesen*tlichen, den entscheidenden Fakten und Zahlen der momentanen Lage sowie Informationen, die sich mit den Zukunftsauswirkungen der unterschiedlichen Entscheidungsoptionen beschäftigen. Sie zeichnen Szenarien auf. Das ermöglicht ©lean leadern auch mit wenig Zeit und auf den ersten Blick ein Verständnis der faktischen Zusammenhänge.

Erfahrung: Beschleuniger und Hemmnis zugleich

An dieser Stelle kommt die Erfahrung ins Spiel. Auf dem Weg zur Führungskraft (aber auch als privater Mensch) hat jeder schon im Wortsinn Millionen kleinster und großer Entscheidungen getroffen. Wie bei jedem Verhalten entwickelt sich auch hier eine Könnerschaft mit der Zahl der Wiederholungen. Wissenschaftler gehen heute davon aus, dass jemand 10.000 Übungsstunden investieren muss, um zu wahrer Meisterschaft zu gelangen. So gesehen, sind wir alle geborene und gewachsene Topentscheider! Denn zu jeder Stunde treffen wir viele kleine Entscheidungen, die auch in unser Erfahrungsrepertoire übergehen. Doch natürlich müssen wir uns diese Erfahrung auch bewusst machen, um sie für neue (große) Entscheidungen nutzen zu können.
Auf der konkreten Ebene heißt es also: bei jeder großen Entscheidung bewusst bisherige Entscheidungsergebnisse aufrufen und in die Gesamtkalkulation mit einbeziehen.

Dieser Aspekt hat aber noch eine tiefere Dimension, denn Erfahrung besteht aus gesammelten Lehren der Vergangenheit. Sie zeigen, was Sie aus Ihren bisherigen Entscheidungen respektive Entscheidungsmustern gelernt haben. Um bewusst „richtige" Entscheidungen zu treffen, müssen wir uns also zum einen unseren Erfahrungsschatz bewusst machen, um Analogien herstellen zu können – und müssen uns gleichzeitig von (schädlichen) Entscheidungsmustern, die die Erfahrung geformt hat, verabschieden. Wer immer das Gleiche tut, wird auch nur das Gleiche erhalten. Es ist also wichtig, dass wir hier auch Introspektion leisten und sehen, welche Entscheidungen unsere Verhaltens- und Entscheidungsmuster bisher produziert hat – und ob es dabei störende oder schädliche Muster gibt, die wir auflösen sollten. An dieser Stelle gibt es auch einen Zusammenhang zwischen Erfahrung und Intuition, wie wir sie als Entscheidungsunterstützer schon an voriger Stelle untersucht haben. Daher betrachten wir noch die beiden weiteren Faktoren Verantwortung und Pragmatismus.

Verantwortung und Pragmatismus: Wann weiß man genug für eine Entscheidung?

Die Bedeutung des Faktors Verantwortung liegt auf der Hand: Selbstverständlich bedenken wir als ©lean leader die Tragweite unserer Entscheidungen nicht nur hinsichtlich des möglichen zu erzielenden Ergebnisses, sondern auch hinsichtlich des Maßes an Auswirkungen, die sie für uns und andere haben. Es gibt keine Entscheidungsgewalt ohne persönliche und gesellschaftliche Verantwortung. Ich behaupte sogar: **Entscheidungen lassen sich delegieren – Verantwortung nicht.** Sie bleibt bei Ihnen, wenn Sie führen wollen.

Jede Entscheidung für jemanden oder etwas ist gleichzeitig auch immer eine Entscheidung gegen jemanden oder etwas. Verantwortung heißt also auch, Wirkungen einer Handlung wie beim Schach über mehrere Züge hinaus zu antizipieren und die Vor- und Nachteile auf gewinnorientierter wie ethischer Seite zu bedenken und abzuwägen. Die beim Thema Nachhaltigkeit bereits früher diskutierten Aspekte ins Gleichgewicht zu bringen: ökonomische, ökologische und soziale.

Bleibt noch der Faktor Pragmatismus. Laut Lexikon heißt pragmatisch handeln: „dem Nutzen dienend". Wenn die Risiken und die Szenarien betrachtet und der Nutzen erkannt ist – muss man springen. Das Wort leitet sich nicht umsonst vom griechischen Wort „pragma" für Tat ab. „Paralyse durch Analyse" – man kann auch zu lange nachdenken und abwägen und zögern. Macher aber machen. Und zwar mit Hand und Fuß und Mut!

Machen statt Meckern:

Die beiden folgenden konkreten Anregungen können Sie direkt anwenden, statt nur zu meckern, wenn Sie mal irgendwo im Entscheidungsprozess feststecken.

1. Macher-Aussagen
2. 5-Faktoren-Analyse

Macher-Aussagen

Mut ist entscheidend! Lassen Sie keine Opfer-Aussagen bei sich zu – machen Sie Macher-Aussagen daraus. Einfach in 3 Schritten:

1. Machen Sie sich klar, welche Fragen zu einer Situation oder Entscheidung unausgesprochen in Ihnen „herumschwirren". Notieren Sie diese.
2. Schauen Sie sich die Opfer-Fragen darunter an, z. B. „Wie soll das denn gehen, das ist nicht zu schaffen!", „Warum passiert das immer mir?", „Warum soll ich das denn jetzt machen müssen?", „Wie soll ich das denn jemals schaffen – unmöglich!"
3. Drehen Sie die Opfer-Fragen in Macher-Fragen um wie: „Was brauche ich, um mein Ziel zu erreichen?", „Es ist wie es ist – was mache ich jetzt konkret daraus?", „Wer kann mir dabei helfen?"

So bringen Sie sich in einen konstruktiven, energiereichen Zustand.

5-Faktoren-Analyse

Wenn es Ihnen schwer fällt, eine Entscheidung zu treffen, analysieren Sie die Optionen nach den 5 Faktoren:

1. Kenntnis: Welche Informationen liegen mir vor? Sammeln Sie sie in Pro- und Kontra-Listen.
2. Erfahrung: Wie habe ich in ähnlichen Situationen entschieden? Auf welcher Basis? Mit welchem Ergebnis? Was habe ich daraus gelernt?
3. Intuition: Wie ist mein Bauchgefühl dazu? Was sagt mein „innerer Minister"?
4. Verantwortung: Welche Auswirkungen wird diese Entscheidung für wen haben? Was kann im besten, was im schlechtesten Fall passieren?
5. Pragmatismus: Wenn ich entscheiden will oder muss, gehe ich pragmatisch vor auf Basis des am schnellsten/einfachsten Machbaren. Ich nutze die Ergebnisse der vorigen 4 Analysen und: mache es. Nicht zu entscheiden ist auch eine Entscheidung. Und eine sichere Entscheidung gibt es nie.

Dies ist ein sehr effektives Werkzeug, wenn Sie vor einer wichtigen Entscheidung zögern. Sie werden sofort zu Ergebnissen gelangen und sind sicher, alle Aspekte in Ihre Entscheidung einbezogen zu haben!

Das 5. Prinzip der

Der Mensch steht im Zentrum des Führungshandelns

©lean leadership:

Der Mensch steht im Zentrum des Führungshandelns

Es gibt eine Reihe von Eigenschaften, die große Führungspersönlichkeiten auszeichnen. Eine der grundlegendsten: Sie akzeptieren und respektieren Menschen als individuelle, einmalige und einzigartige Persönlichkeiten in ihrem So-Sein, in ihrer menschlichen Individualität und mit hohem Wert aus sich. *Wesen*tlich. Der Wert liegt im Wert des *Wesen*s und erst in zweiter Linie in der *Wert*schöpfung. Denn ganz einfach: Wo *Wert*schätzung ist, kann *Wert*schöpfung entstehen. Es ist eine konkrete Auslegung des Grundsatzes: Wer das „Richtige" tut – und, Sie erinnern sich, das Richtige beruht immer auf ethischen Werten – dem folgt der materielle wie immaterielle Erfolg nach.

„Behandle die Menschen so, als wären sie, was sie sein sollten, und du hilfst ihnen zu werden, was sie sein können."

Johann Wolfgang von Goethe,
deutscher Dichter und Universalgelehrter

Mitarbeiter: NICHT Mittel zum Zweck, sondern Ziel

Hervorragende Führungspersönlichkeiten sehen andere nicht nur oder nicht in erster Linie als Träger einer Funktion oder einer auszuübenden Tätigkeit. Führen heißt, dafür zu sorgen, dass Mitarbeiter aufrechter nach Hause gehen, formuliert es der Benediktinermönch und Management-Autor Anselm Grün.

©lean leader sehen zuallererst den Menschen im Mitarbeiter. Der Mensch, die Talente und Stärken von Menschen sind der Fokus des Handelns der Führungspersönlichkeiten.

Mitarbeiter zu freiwillig Folgenden machen

Man kann auch sagen: ©lean leader betrachten Mitarbeiter nicht in erster Linie als Mittel zum Zweck. Sie sehen sie weniger als Werkzeug, denn als Ziel der eigenen Arbeit. Ihr Grundsatz lautet: „Ich will dem Mitarbeiter helfen, mehr zu tun als das, wozu er sich selbst imstande sieht." So machen Sie Geführte zu Folgenden. Und zwar nicht im Sinne von „blindem Gefolgsam", der aus autoritär erzieltem Gehorsam stammt, sondern im Sinne von freiwilliger Gefolgschaft, die auf zugewiesener Autorität (siehe das 7. Prinzip der ©lean leadership) beruht.

„Leadership ohne Followship ist ein Ding der Unmöglichkeit."

Monique R. Siegel,
schweizerische Unternehmensberaterin

Und das muss auch geschehen, denn Organisationen wie Unternehmen brauchen eben Regeln und Strukturen. Ihre Aufgabe ist die Konzentration auf und die Organisation von Interessen. Damit erfüllen Sie – gerade auch in Krisenzeiten – einen guten Zweck. Worin dieser liegt? In Effizienz, die in ökonomischen Erfolg

mündet. Dieser erzeugt materielle und physische Sicherheit, gibt den Rahmen für das Gefühl von Sicherheit, auch Geborgenheit genannt. Das ist ein Urstreben der Menschen. Es profitieren also „beide Seiten" bei Leadership und Followership.
Die entscheidende Frage ist: Wie gut, wie moralisch herausragend, ökonomisch effizient und sozial verantwortungsbewusst ist die Führungspersönlichkeit, die an der Spitze dieser Organisation steht? Welches Menschenbild wird gelebt? Kurz: Steht der Mensch im Zentrum des Führungshandelns?

Lippenbekenntnisse sind nicht erlaubt

Nun, wenn man Führungskräfte befragt, so könnte man meinen, dass wir diesbezüglich schon in goldenen Zeiten leben müssten. Immer wenn ich in meinen Vorträgen, Coachings und Seminaren nach dem Glaubenssatz „Der Mensch steht im Zentrum meines Führungshandelns" frage, so ernte ich große Zustimmung. Tatsächlich glauben viele Führungskräfte, dass dies „die richtige" Einstellung sei.

Die Realität aber sieht doch anders aus – und dies beweist sich leider auch in vielen Fehlern, die in der (Wirtschafts-)Krise offenbar wurden und werden: Produktion und Wachstumsdruck haben längst nicht mehr den Menschen im Mittelpunkt, sind über menschliches Maß hinaus gewachsen und zum Selbstzweck mutiert. Die „Irrealisierung" des Finanz- und Kreditgeschäftes hat die „normalen" Kategorien menschlichen Verständnisses

verlassen. Die Bespitzelungs- und Ausforschungspraxis einiger Unternehmen, die in den letzten Jahren ruchbar wurde, richtet sich gegen den Menschen: Falsch verstandenes Führungshandeln betrachtet Mitarbeiter in diesem Zusammenhang nicht als Menschen, sondern in erster Linie als Unternehmensschmarotzer unter Generalverdacht. Als negativen *Wert*schöpfungsfaktor.
Und das gilt auch für Kunden. Nicht nur erweist sich, dass auch die „Beute" Kunde bis ins letzte Datum, bis zur letzten digitalen Information ausgeforscht wurde – und zwar, ohne dass daraus Verbesserungen von Produkten, Services oder Angeboten abgeleitet wurden – die Produktion verlor auch allzu oft das menschliche Maß des Kunden aus den Augen.
Kunden, die nicht mehr verstehen, was sie kaufen sollen, die der neuesten Technologie, dem alleskönnenden Handymikrowellenfernsehrasierer mit mp3-Musikplayerfunktion und integriertem Navigationsgerät heillos unterlegen sind, die dümmer scheinen als die smarten Finanzanlageprodukte, die sie kaufen sollen, denen immer schneller immer mehr immer bunteres vom Gleichen angeboten wird, das sind Kunden, die nicht als Menschen betrachtet werden, sondern als Melkvieh mit umgehängter Telekommunikationseinheit. Als wandelnde Brieftasche mit der Lizenz zum Musikhören.
Was hier fehlt, ist eine alte Tugend der ©lean leader:
Es ist Respekt.

Der Mensch im Mittelpunkt – DAS hat Vorbildcharakter

„Gläubig sein", dass der Mensch in seiner *Wesen*heit im Zentrum allen Führungshandelns stehen muss, reicht also nicht, man muss, woran man glaubt, auch leben! „Bist Du schon gut, weil du gläubig bist? Der Teufel ist sicher kein Atheist", formulierte Literaturnobelpreisträger Paul Heyse brillant (lassen wir mal den Bezug zum gläubigen Hiob hier beiseite).
Nur wenn Sie als Führungskraft Ihr Handeln konsequent an diesem unterstützenden Menschenbild ausrichten, können Sie Vorbild für Ihre Mitarbeiter und Mitmenschen sein! Denn so können Sie Menschen – Mitarbeitern – helfen, eine Lebenslinie zu finden, das zu tun, wozu sie am besten in der Lage sind, befindet der Biopsychologe Peter Walschburger von der Freien Universität Berlin in FAZjob.net. Doch obwohl fast 80 Prozent der in der Accenture-Studie „Frauen und Vorbilder" befragten rund 250 beruflich *erfolg*reichen Frauen UND Männer in ihrem Leben ein Vorbild haben, haben die wenigsten es – leider – in der Berufswelt, an ihrem Arbeitsplatz, unter ihren Vorgesetzten gefunden! Die am meisten gewünschten Charaktereigenschaften Sozialkompetenz, Kommunikationskompetenz und vorbildliche Lebensführung und -einstellung fanden sie – nebenbei gesagt nicht in der Politik, und eben auch – nicht in der Wirtschaft.

Zu ganz ähnlichen Ergebnissen kommt auch Peter Walschburger: Werte wie Charme, Intelligenz, Problemlösungs- und Kommunikationskompetenz, Rücksichtnahme und ethisches Handeln seien entscheidende Forderungen an Führungskräfte, die Vorbild sein wollen. Doch „Wirtschaftslenkern werden diese Eigenschaften offenbar kaum noch zugesprochen", resümiert FAZjob.net.

„Führen heißt besser sein, nicht besserwissen."

Michael J. Pabst,
amerikanischer Biochemiker und Hochschullehrer

(Nur) Hervorragende Menschen führen Menschen hervorragend!
Ich bin doch nicht der Einzige, den solche Zustände stören! Sie doch auch! Sie wollen als ©lean leader doch mit Ihren besonderen Kompetenzen Menschen so führen, dass sie Sie als Vorbild ansehen und Ihnen folgen! Nicht gehorchen! Nein, freiwillig und aus Überzeugung folgen, weil sie spüren, dass Sie sie ernst nehmen, ein menschen- nicht funktionsorientiertes Menschenbild haben und dies auch authentisch und stimmig leben!

„Ein edler Mensch zieht edle Menschen an und weiß sie festzuhalten."

Johann Wolfgang von Goethe,
deutscher Dichter und Universalgelehrter

Machen statt Meckern:

An dieser Stelle habe ich zwei wesentliche Anregungen für Sie, die mit der Wertearbeit aus Kapitel 1 zusammenhängen:

1. Menschenbild
2. Vorbild

1. Menschenbild

Diese Anregung betrifft Ihr Menschenbild und dasjenige, das in der Kultur Ihres Unternehmens gelebt wird.

> Formulieren Sie, was Ihr Menschenbild ausmacht. Woran glauben Sie in der Zusammenarbeit und dem Zusammenleben mit anderen Menschen – und zwar zutiefst im Inneren, wo Sie auch Ihre Vorurteile „verstecken". Klingt einfach, ist aber eine Herausforderung.

> Beschreiben Sie nun, wie Sie das in der Kultur Ihres Unternehmens empfinden. Welches Menschenbild wird dort gelebt?

Ihr Lohn: Solche Klarheit hilft Ihnen, authentisch und kongruent zu sein.

2. Vorbild

Sie haben in diesem Kapitel gelesen, welche Werte und Charaktereigenschaften Menschen bei ihren Vorbildern (am Arbeitsplatz) suchen. Bewerten Sie sich ehrlich selbst darin – und überlegen Sie, wie Sie Ihr Potenzial hin zum ©lean leader ausbauen können:

> Emotionale Kompetenzen wie (die genannten) Charme und Rücksichtnahme

> Sozialkompetenz

> Kommunikationskompetenz

> Problemlösungskompetenz

> Ethisches Handeln

> Vorbildliche Lebensführung

Das 6. Prinzip der

Führung
als Ma
doch

©lean leadership:

ist immer mehr
agement –
as gehört dazu

Natürlich ist es auch eine Aufgabe innerhalb der ©lean leadership, Arbeitsabläufe und Prozesse zu managen und zu optimieren. Das ist Management – da geht es um das Organisieren, um Techniken, Dinge zu regeln, Vorgänge zu bearbeiten, zu delegieren, zu kontrollieren.

Komplexität – Fluch und Segen

Das kreative Zeitalter, in dem sich die westlichen Industrienationen befinden, ist vor allem durch eine ständig noch weiter wachsende Fülle von Informationen, von neuen Bedeutungsmustern, von Überlagerungen, von immer grelleren Impulsen, von stetig wachsender Komplexität gekennzeichnet. Folgt man den Regeln der Kybernetik, kann ein komplexes System nur durch entsprechend komplexe Maßnahmen gesteuert werden. Die häufig geforderte Reduktion von Komplexität greift daher zu kurz, wenn es die alleinige oder Haupt-Maxime ist. Einfache Systeme sind einfacher zu durchschauen, Eingriffe erzeugen vielleicht (scheinbar!) weniger Wechselwirkungen, sie sind einfacher zu steuern. Aber einfache Systeme stoßen eben auch an Grenzen, können nur weiter wachsen, lernen, sich entwickeln, wenn sie sich weiter ausdifferenzieren. Kurz: wenn sie komplexer werden.
In seinem frühen Buch „Zwischenstufe Leben“ hat der Genetiker Carsten Bresch recht diskussionswürdig zusammengefasst, dass nur stetig komplexer werdende Systeme, die immer mehr Information integrieren und verarbeiten können, höhere Fähig-

keiten (erwünschte Produkte) entwickeln können. Also ist es eine grundlegende Pflicht des Managements, Komplexität gerecht zu werden. Natürlich auch, indem einige Segmente, die hoch automatisierbar sind, ausgelagert werden in Untersysteme wie Software-Module, Datenbanken, regulierte (zertifizierte) Prozesse. Diese Dinge müssen richtig getan werden.

Die visionäre Zieldefinition aber erst bestimmt, welche Dinge richtig getan werden müssen, um die Ziele zu erreichen. Die Vision also bestimmt, was richtig ist, sie führt. **Führung gibt Management demnach ein Bedeutungssystem.** Alles andere ist bloßer Aktionismus.

„Man kann ein Unternehmen mit dem Aktienrecht ebensowenig führen wie eine Ehe mit dem Bürgerlichen Gesetzbuch."

Hans-Günther Sohl,
Ehrenpräsident BDI

Führung gibt Management einen Wirkungsrahmen

Management ist, etwas richtig zu tun; Führung ist, das Richtige zu tun!

©lean leadership heißt, komplexe Systeme auf Basis eines klaren Sets an einfachen 10 Prinzipien steuern zu können, um visionäre Ziele zu erreichen.

Dazu ist es erforderlich, dass ein ©lean leader vor allem eines können beziehungsweise lernen muss: das Wesen hinter den Dingen zu erfassen. *Wesen*tliches auf einen Blick zu erkennen. Komplexität sehr schnell durchschauen und die gewonnenen Informationen zu höheren Entscheidungseinheiten aggregieren zu können.

Hier greifen wir das 2. Prinzip der ©lean leadership wieder auf, nach dem die Dinge immer einfach und *wesen*tlich sind – und Sie sie mit Stärkung Ihrer Intuition ganzheitlich erfassen und dann Entscheidungen treffen müssen. So schafft Führung einen Wirkungsrahmen für Management, der Leistung und Ergebnisse, das 7. Prinzip der ©lean leadership, ermöglicht.

„Erstklassige Männer stellen erstklassige Männer ein, zweitklassige nur drittklassige.“

Franz Luwein,
deutscher Journalist

Die richtigen Mitarbeiter an den richtigen Stellen mit den richtigen Dingen befassen

Die gute Nachricht ist: Sie haben nicht nur Ihre *wesen*tlichen Kompetenzen, zu denen Ihre technischen Kenntnisse und Fertigkeiten sowie Ihre sozialen Fähigkeiten bis hin zu Ihrer Intuition zählen, um komplexe Systeme steuern zu lernen. Sie haben – wenn Sie es richtig machen – die besten Helfer an Ihrer Seite, Spezialisten für Untersysteme, die Sie unterstützen, die Führungsziele zu erreichen: Ihre Mitarbeiter. Betrachten Sie Ihr Team einmal unter dem Blickwinkel, dass Sie lauter Experten für Untersysteme vor sich haben. Dann spüren Sie drei Dinge sofort: Dass Ihnen jeder einzelne Mitarbeiter wichtig ist, wichtig sein muss. Dass Sie nicht Menschen in Jobs zwängen können, die da nicht hinpassen oder die herausgewachsen sind. Dass es wichtig und richtig ist, die richtigen, passenden Mitarbeiter an den richtigen Positionen zu beschäftigen. Und mit ihnen die richtigen Dinge zu entwickeln, damit ziel- und fristgemäß Ergebnisse erzielt werden können.

Talente erkennen – Stärken stärken – Kompetenz übertragen
Eine herausragende Führungskraft stattet die Mitarbeiter mit den notwendigen Kompetenzen aus, um Ergebnisse und Leistung zu erzielen. Mit Hilfe ihrer sozialen und emotionalen Energien und Kompetenzen eröffnet sie den Menschen einen Raum, in dem diese eigenverantwortlich ihre Fähigkeiten entfalten. *Wesen*tliche Aufgabe der Führungskraft ist, Talente und Stärken zu erkennen, die Menschen nach ihren Stärken mit Aufgaben zu betrauen, Stärken zu stärken. Entwickeln heißt, das Potenzial in Menschen offenzulegen, das in ihnen „eingewickelt" ist. Das ist schon schwer genug! Das ist eine vornehme, wichtige und *wesen*tliche Aufgabe, die jede Führungspersönlichkeit bei sich selbst ständig hinterfragen muss. Sie dürfen da nicht müde werden! Und dann dürfen Sie als herausragende Führungskraft

auch Vertrauen in die Selbststeuerungskräfte der Menschen haben. Sie haben Ihren Mitarbeitern mitgegeben, was sie brauchen – Sie gehen Ihren Mitarbeitern voran und weisen Ihnen den Weg – den Weg gehen aber müssen (und werden) diese selbst.
Als herausragende Führungskraft, als ©lean leader, leisten Sie genau das mehr als andere.

Manager – Leader: Das ist mehr als Wortspielerei. Die Führungsmaxime von Leadern zielen nicht nur auf die Optimierung von Managementprozessen ab. Leadership heißt, andere *erfolg*reich zu machen und Mitarbeitern zum Erfolg zu verhelfen – zum Wohle aller. Zur Zufriedenheit Ihrer Mitarbeiter, zu Ihrer Zufriedenheit – und zur Zufriedenheit des Unternehmens.

„Mitarbeiter können alles:
wenn man sie weiterbildet,
wenn man ihnen Werkzeuge gibt,
vor allem aber,
wenn man es ihnen zutraut."

Hans-Olaf Henkel,
Topmanager, langjähriger Präsident des BDI

Machen statt Meckern:

Hier biete ich Ihnen aus der Fülle an hilfreichen Übungen zum besseren Management zwei Überlegungen an:

1. Pragmatisches Management
2. Die richtigen Mitarbeiter finden

1. Pragmatisches Management

Unter pragmatischem Management verstehe ich die Fähigkeit, mit einem bestimmten Einsatz den je maximalen Wirkungsgrad zu erreichen. Dieses Prinzip ist als Pareto-Regel oder 80 : 20-Regel bekannt und besagt, dass mit 20 Prozent Ihres Zeitaufwandes 80 Prozent der Ergebnisse erzielt werden. Auch übertragbar auf andere Bereiche: Mit 20 Prozent Ihrer wichtigsten Kunden machen Sie 80 Prozent Ihres Umsatzes. Mit 20 Prozent Einsatz an Projekten mit dem größten Hebel erzielen Sie 80 Prozent Verbesserung. Damit ist die Pareto-Regel eine der ersten Erfolgsregeln im Management, denn sie steht gegen Überregulierung, Überperfektionismus und Überdruss. Sie besagt umgekehrt nämlich auch, dass Sie sehr große Ressourcen aufwenden müssen, damit die restlichen 20 Prozent auch noch gelöst werden – die nicht mehr entscheidend sind. Momentan geht die Tendenz sogar zu einem 70 : 10-Verhältnis. Im Zeitalter der totalen Erreichbarkeit verfügt der Manager im Schnitt nur noch über ein Drittel seiner Zeit selbstbestimmt, da ist höhere Effizienz Verpflichtung. Pragmatisches Management gibt Ihnen die Möglichkeit, sich auf die Dinge mit dem größten Hebel zu fokussieren und Ihre unternehmerischen Kräfte damit zu konzentrieren.

2. Die richtigen Mitarbeiter finden

Können, Werte, Einstellung, Verhalten und Performance – das sind Parameter, nach denen Sie ermessen können, ob Sie die richtigen Mitarbeiter für Ihr Unternehmen finden oder gefunden haben und ob diese an den richtigen Stellen mit den richtigen Aufgaben betraut sind. Diese Faktoren können Sie aber nicht qua Bauchgefühl entscheiden. Zum guten Management gehört hier, dass Sie Instrumente einsetzen, die diese Kompetenzen und Verhaltensweisen fair, unbeachtlich der Person und orientiert auf das Unternehmensziel hin ermitteln. Ihre Aufgabe ist es, aus renommierten und erprobten Tools wie MotivStrukturAnalyse MDA, INSIGHTS MDI®, Predictive Index, um nur einige zu nennen, das für Ihr Unternehmen richtige auszuwählen und zu nutzen.

Das 7. Prinzip der

©lean leadership schafft den Rahmen, um Leistung zu ermöglichen und Ergebnisse zu erzielen

©lean leadership:

©lean leadership schafft den Rahmen, um Leistung zu ermöglichen und Ergebnisse zu erzielen

Visionskraft, Authentizität, vorbildliches und in sich stimmiges Verhalten, Vertrauenswürdigkeit: Wer über diese Eigenschaften verfügt, dem wird von den anderen Menschen Autorität verliehen. Und es gibt, Erich Fromm hat dies einleuchtend formuliert, einen wichtigen Unterschied zwischen „Autorität haben" und eine „Autorität sein". Wer Autorität hat, dem ist sie per Dekret verliehen worden oder er hat sie sich angeeignet. Eine Führungskraft mit Autorität hingegen ist dies aufgrund ihrer *Wesen*smerkmale. Aufgrund dieser Merkmale haben ihr die Mitarbeiter sozusagen freiwillig die Vollmacht übertragen und verliehen, sie zu führen. Beispiele weiß die Historie einige. Zu nennen ist das Führungsverhalten des damaligen Bundeskanzlers Helmut Schmidt bei den Verhandlungen von Kanzleramtsminister Hans-Jürgen Wischnewski im Rahmen der Befreiung der in Mogadischu von Terroristen festgehaltenen Lufthansa-Maschine „Landshut". Oder früher bereits, als Hamburger Polizeisenator, bei der Koordination der Rettungsmaßnahmen bei der Sturmflut von 1962, die Hamburg mit ungeahnter Zerstörungswucht traf. Klar, entschieden, auch mutig angesichts von moralischen und ethischen Dilemmata, die neben den organisatorischen Problemen zu lösen waren. Und die Menschen folgten dieser Autorität.

„Führung heißt, dadurch erfolgreich sein, dass man seine Mitarbeiter erfolgreich macht."

Helmut Wohland,
deutscher Topmanager

Andere erfolgreich machen: Der Weg zu mehr Leistung

Manager – Leader: Unterschiedliche Bezeichnungen, die wir oftmals für das scheinbar Gleiche nutzen: die Führung von Menschen. Doch es gibt unterschiedliche Bezeichnungen dafür, weil sie eben auch Unterschiedliches aussagen. ©lean leadership heißt, Menschen zu entwickeln, andere *erfolg*reich zu machen. Denn nur *erfolg*reiche Mitarbeiter können Forschung und Entwicklung, Produktion, Marketing und Vertrieb, Verwaltung und Controlling eines Unternehmens *erfolg*reich machen. Daher ist ©lean leadership auch ein wichtiger Bereich des ganzheitlichen Systems der VertriebsIntelligenz®, das Firmen zu Umsatz-Maschinen macht: weil sie die Rahmenbedingungen für ökonomischen Erfolg schafft, weil sie Menschen als Kunden hilft, ihr Leben signifikant zu verbessern, weil sie auf *wert*eorientiertem Handeln fußt!

„Für mich zählen vor allem die Werte Freiheit und Verantwortung – und zwar nicht als gegensätzliches Paar, sondern als eines, das sich gegenseitig bedingen kann. Die soziale Marktwirtschaft fußt auf diesem Fundament ... wir sprechen also von einer werteorientierten Marktwirtschaft. Hohe Werte sind dabei das Leistungsprinzip, aber auch Wachstum und Eigentum."

Dr. Karl-Theodor Freiherr zu Gutenberg,
Bundesminister für Wirtschaft und Technologie

Erfolg skalierbar machen

Warum aber sind gerade Macher an dieser Stelle oft nicht *erfolg*-*reich* genug? Weil sie nicht delegieren können! Weil sie sich für unersetzlich halten und nach dem Motto agieren: „Mach ich´s lieber selbst, dann ist es gemacht". Das ist meistens ein Selbstbetrug, und zwar ein dreifacher! Erstens gibt es wirklich sehr wenige Universalgenies – und das gilt auch für die Geschäftswelt. Zweitens verzetteln diese Menschen ihre unbestreitbare Kraft an zu vielen Baustellen bei der Arbeit im Unternehmen, statt sie der *wesen*tlichen Arbeit am Unternehmen zu widmen. Und drittens ist der Erfolg so nicht skalierbar. Wer stets den Engpassfaktor im Prozess darstellt, weil er überall den Finger draufhalten will, macht letztlich alle Prozesse langsamer und ineffektiver – und schuftet sich zu Tode!

Die Lösung heißt also ganz klar: die Rahmenbedingungen für Leistung und Ergebnisse zu schaffen erst macht Erfolg – auch Umsatz*erfolg* – skalierbar. Und dafür müssen die erwarteten Ergebnisse ganz schlicht festgelegt, mit den Mitarbeitern durchgesprochen und eindeutig und verbindlich kommuniziert werden. Genau daran scheitert es aber oft! Entweder werden Ziele = erwartete Ergebnisse nicht richtig quantitativ wie qualitativ festgelegt, oder aber sie werden so kommuniziert, dass sie den Mitarbeiter „nicht betreffen".

Verschiedene Führungsstile

Viele führen ihre Mitarbeiter mit Hilfe eines einzigen Führungsstils, den sie sich angewöhnt haben und von dem sie glauben, es sei der allein richtige. **©lean leader hingegen führen stets situations- und personenbezogen.** Sie müssen also ein ganzes Set an Führungsstilen beherrschen, um Mitarbeiter in ihrem So-Sein zu erreichen. Wer alle gleich behandelt, ist schließlich ungerecht! Entscheidend ist, dass Resultate erzielt werden, dass Ergebnisse zustande kommen. Strikte Ergebnisorientierung macht Führung nach ©lean leadership wirksam im Sinne des Unternehmens.

„Mitarbeiter fördern und Leistung fordern" – fördern und fordern müssen in einem ausgewogenen Verhältnis zueinander stehen. Wer seiner Mannschaft Sinn bietet, Vertrauen schenkt, Kompetenzen auf Mitarbeiterseite aufbaut, Anreize – auch ökonomische – schafft, darf auch fordern: Loyalität, Motivation, Einsatzbereitschaft.

„Führungskräfte müssen akzeptieren können, dass sie in ihrer Gruppe Personen haben, die mehr wissen als sie selbst. Es ist für viele spezialisierte Mitarbeiter ein tragisches Ereignis, dass sie einen Vorgesetzten haben, der das Wissen von gestern und die Macht von heute hat."

Lutz von Rosenstiel,
deutscher Wirtschaftspsychologe

©lean leadership ist eine *wesen*tliche, entscheidende Kompetenz für vertriebsIntelligentes Handeln, für mehr Umsatz, für bessere Ergebnisse! Für eine *wert*volle unternehmerische Zukunft!

Machen statt Meckern:

Etwas, das die wenigsten Führungskräfte wirklich beherrschen, ist das Festlegen, Kommunizieren und Nachhalten von Ergebnissen, also erwarteten Zielen Ihrer Mitarbeiter. Als ©lean leader ist dies aber eine vornehme Pflicht. Meine Anregung:

Führungsinstrument Gespräch

Beherrschen Sie die entscheidenden 6 Mitarbeitergesprächs-Formen tatsächlich hervorragend? ©lean leader führen durch das Wort. Damit ist ein Gespräch das wichtigste Führungsinstrument, das Ihnen zur Verfügung steht. Und ehrlich gesagt, fürchten sich die meisten Führungskräfte heimlich genau so sehr davor wie Mitarbeiter auch. Machen Sie es besser! Sie können sich trainieren oder coachen lassen bei den wichtigsten Gesprächen, die Sie jemals führen:

1. Rekrutierungsgespräch
2. Zielvereinbarungsgespräch
3. Mitarbeitergespräch/Halbjahresgespräch/Jahresgespräch
4. Lob-/Anerkennungsgespräch
5. Kritikgespräch
6. Trennungsgespräch

Das 8. Prinzip der

Mit dem Wow!-Faktor Ergebnisse erzielen

©lean leadership:

Überragende Ergebnisse erzielen Sie dann, wenn das Feuer der Leidenschaft Sie antreibt, die Fakten der (Arbeits-)Umgebung stimmen und Sie die Fähigkeiten zur Leistung haben. Wenn diese **3-F: Feuer, Fähigkeiten, Fakten** zusammenkommen, erzielen Sie Herausragendes mit Leidenschaft. Das ist Ihr Wow!-Faktor – und den können Sie auch in Ihrem Unternehmen einführen, Ihren Teams ermöglichen. Motivation ist dann keine Frage mehr!

Der Wow!-Faktor: Leverage mit Leichtigkeit

„More pepper, less paper."

Helmut O. Maucher,
deutscher Topmanager

Feuer: Die Triebkraft der ©lean leader

Der Wow!-Faktor hängt eng mit einigen wichtigen Gestaltungsmomenten zusammen, die wir schon angesprochen haben:

> der „bestimmenden Lebensaufgabe", die Sie für sich gefunden haben, und das Maß, wie Sie sich dieser nähern und ausleben können (mehr zu dieser „Über-Aufgabe" in Kapitel 12)

> dem Sinn, dem Sie Ihrer Arbeit und Ihrem Unternehmen geben – und den Sie dort auch wiederfinden – und der Ihnen Stärke gibt

> der Übereinstimmung der momentanen Situation mit Ihrer inneren *Wert*elage, denn DAS ist Ihr Motivationsgrad

- dem Grad der Authentizität, oder besser Kongruenz, den Sie verwirklichen können UND der zu Ihrem Erfolg beiträgt
- dem Maß, in dem dies auch auf Ihre Mitarbeiter zutrifft, die im selben Wertesystem „unterwegs sind".

Bei all diesen Aspekten brennt das Feuer der Leidenschaft! Hier sind wir begeistert! Hier ist unser Geist im Glücksmodus! Hier wird Energie freigesetzt, hier entsteht Schub! Dieses Feuer treibt die Maschine an und Sie und Ihre Mitarbeiter zu Höchstleistungen. Und Sie persönlich kennen es, sonst wären Sie noch nicht da angelangt, wo Sie jetzt schon sind.

Fähigkeiten: ©lean leadership erfordert ständige Verbesserung

Ich bin überzeugt davon, dass Sie, der oder die Sie dieses Buch gerade in Händen halten, gut in dem sind, was Sie tun! Sie haben viel gelernt, eine umfassende Ausbildung, die Erfahrung der Jahre im Berufsleben hat das ihre beigefügt, Sie haben mehrere berufliche Herausforderungen angenommen, sind dabei aufgestiegen – Sie haben ein großes Set an Fähigkeiten erworben, auf das Sie zurückgreifen können.

Und das ist ein sehr *wert*volles Gut, untrennbar Ihres, das nimmt Ihnen keine Bank, das pfändet Ihnen kein Gläubiger.

Das ist die gute Nachricht!

Die weniger gute: Es bröckelt Ihnen leider von alleine unter den Fingern weg. Der Zahn der Zeit nagt daran. Es vergilbt ein bisschen. Es wirft Falten. Einige machen weiter mit den immer klei-

ner werdenden prunkvollen Stücken, die ihnen noch verblieben sind. Einige versuchen, mit dem Säckel ihrer Fähigkeiten noch zu wuchern, wo die Welt schon ganz neue Wissens-Währungen belohnt.
Kurz: Das schöne Set an Fertigkeiten und Fähigkeiten, an Wissen und Kompetenz, an Tools und Strategien veraltet, und – ehrlich gesagt – es passt auch nicht mehr immer, um die neuen Anforderungen der neuen Zeiten zu bestehen. Geschweige denn, um für diese Zeiten Visionen zu entwickeln und andere Menschen, Mitarbeiter, mit dem Wow!-Faktor nach vorne mitzureißen!

Ich erinnere mich da an einen Wissenschaftler namens Laurence J. Peter, der bereits Ende der 70er Jahre das nach ihm benannte „Peter-Prinzip" entwickelt hat. Das besagt unter anderem, dass jede Führungskraft so lange aufsteigt, bis sie auf dem Platz angelangt ist, für den sie nicht mehr qualifiziert ist, also den – ich nenne es mal so – Tempel der eigenen Unfähigkeit erreicht hat. In diesem Tempel richten es sich die meisten Führungskräfte dann so ein, dass sie ihre Zeit und Energie mit dem Vertuschen von Fehlern im großen

Ausmaß und dem Verbeißen von jüngeren Nachrückern – die letztlich auch bis zum Mittelpunkt ihrer Inkompetenz aufsteigen werden – verbringen. Und das sei einer der Gründe, warum es zu gigantischen Fehlentscheidungen in Politik, Gesellschaft und Wirtschaft komme.

Dieses Buch habe ich bereits während meiner Studienzeit gelesen und später als ständige Mahnung im Bücherregal stehen gehabt. Als Mahnung an mich selbst, dem Peter-Prinzip so gut zu widerstehen, wie ich es eben vermag. Und das heißt, vier Dinge ständig zu tun:

> Mich auf meinem Weg ständiger Selbstreflexion zu unterziehen,
> mein Fähigkeitenprofil der respektive den aktuellen beruflichen Herausforderung(en) anzupassen,
> mir regelmäßig Feedback von kritischen Geistern und Mentoren über meine Kenntnisse, mein „Wissens-Gut" und meine Performance einzuholen,
> lebenslang weiter zu lernen und an mir zu arbeiten.

Das Feuer der Leidenschaft nutzt nichts, wenn es nicht auf dem Holz der Fähigkeiten lodert!

„Alles Wissen und alles Vermehren unseres Wissens endet nicht mit einem Schlußpunkt, sondern mit einem Fragezeichen."

Hermann Hesse,
deutscher Dichter, Literaturnobelpreisträger

Fakten: Unternehmerische Grundlagen müssen stimmen

Die Fakten geben dem Feuer gewissermaßen den Rahmen – wie bei einem Kamin. Sie beschreiben die Umgebung in der Abteilung, dem Unternehmen, dem Markt, in dem sich Begeisterung und Fähigkeiten entwickeln. Die passenden Fakten für Feuer und Fähigkeiten – Führungsaufgaben – zu schaffen, ist primär Aufgabe des Managements.

Den Wow!-Faktor nutzen: ein Element davon ist im Flow zu sein. Mihaly Csikszentmihalyi hat dieses Gefühl des völligen Aufgehens in einer Tätigkeit, eines energiereichen, in sich versunkenen Schaffensrausches so gut beschrieben – es ist der total fokussierte und entrückte Zustand, in dem wir uns als spielende Kinder befanden, und der uns als Erwachsenen so kostbar wie selten ist. Der Wow!-Faktor ist trägt Sie genau so leicht und energiereich. Doch um ihn zu entwickeln, müssen Sie ständig an der Verbesserung der 3 Faktoren **Feuer, Fähigkeiten und Fakten** arbeiten.

Das 8. Prinzip der ©lean leadership verpflichtet Sie also ganz konkret: Nutzen Sie den Wow!-Faktor, in dem Sie Feuer und Begeisterung bei sich und Ihren Mitarbeitern wecken, Ihre Fähigkeiten und die Ihrer Mitarbeiter zielorientiert weiter ausbauen und den Rahmen dafür schaffen, dass Leistungsfreude möglich ist!

„Es ist nicht genug zu wissen,
man muss auch anwenden;
es ist nicht genug zu wollen,
man muss auch tun."

Johann Wolfgang von Goethe,
deutscher Dichter und Universalgelehrter

Machen statt Meckern:

Hier sind 3 Anregungen, die Ihnen helfen, den Wow!-Faktor richtig aufzudrehen!
1. Begeisterung
2. Kompetenz
3. Business-Umfeld

1. Begeisterung
Erstellen Sie eine Liste mit den wenigen Dingen, die Sie wirklich zutiefst begeistern, die Sie mitreißen.
Ihr Profit: Diese Punkte auf dieser Liste geben Ihnen mehr als alles andere Kraft und Energie – sie sind Ihre Ressourcen, wenn´s in der Krise mal eng wird.

2. Kompetenz
Entscheiden Sie jetzt, in welchem geschäfts- und zukunftsrelevanten Bereich Sie sich unverzüglich weiterbilden wollen! Sie werden innerhalb der nächsten 3 Tage (72 Stunden) ein Seminar recherchieren (lassen), zu dem Sie sich anmelden. Oder einen Coach finden, der Sie weiterbringen wird. Sie sind ein Macher – Sie schaffen es, innerhalb von 3 Tagen den nächsten Schritt zu tun!

3. Business-Umfeld
Das ergebnis- und leistungsorientierte Umfeld zu schaffen, ist Ihre Aufgabe als Führungskraft. Ermitteln Sie den Wow!-Faktor in Ihrer Abteilung, Ihrem Unternehmen:
1. Wobei entwickeln wir als Team Leidenschaft?
2. Wohin „geht" unser Feuer?
3. Womit verdienen wir (am meisten) Geld, wo sind die Erträge am höchsten?
4. Was wollen wir nicht mehr tun/haben/sein?
5. Was wollen wir stattdessen?
6. Was können wir besonders gut?
7. Worin sind wir die Nummer 1?

Das 9. Prinzip der

Gewinno

mit Sinn

©lean leadership:

:ntierung –

d Verstand

Der gesellschaftliche Auftrag von Unternehmen liegt im Angebot von Waren und Leistungen, die das Leben der Menschen verbessern. Gewinnstreben ist eine natürliche Folge dieses Auftrages. Wenn es mit Sinn und Verstand statt mit Gier und Gewalt geschieht. Was wir schon festgestellt haben: Unternehmerisches Handeln und geschäftliche Produktion müssen einen Sinn haben, dann führt nachhaltige Werteorientierung zu nachhaltiger *Wert*schöpfung.

„Wer Menschen nicht lieben kann, ist unfähig, sie zu führen."

Karlheinz Binder,
deutscher Manager

Werteorientierung umfasst Gewinnorientierung

Fortschritt wurzelt immer in der Differenz zwischen Geborgenheit und Wachstum, und so ist das Streben nach Fortschritt uns Menschen inhärent. Gerald Hüther hat zu diesem Thema eine Reihe ausgezeichneter Publikationen veröffentlicht (von denen Sie einige im Literaturverzeichnis dieses Buches finden). Geborgenheit – Wachsen oder Sterben – an dieses komplementäre System ist Leben gebunden. Unternehmen müssen wachsen, sonst werden sie sterben. Was oder wer sich nicht weiterentwickelt, stirbt ab. „Wir leben von der Differenz", nenne ich das.

Kaviar und Currywurst – es muss beides geben: Wenn ich eine Zeitlang Kaviar hatte, will ich bei Currywurst (neu) anfangen, sonst entwickelt sich nichts. Erreichte Ziele bekommen Junge. In dieser Hinsicht ist Wachstum, auch wirtschaftliches, nicht endlich. Es muss immer Neues, Angepasstes, Weiterentwickeltes geben – Dinge, Produkte, Leistungen, die den neuen Ansprüchen und Ressourcen, neuen Möglichkeiten und Märkten gerecht werden. Damit kann und muss Gewinn gemacht werden, sonst können Unternehmen ihrem gesellschaftlichen Auftrag nicht mehr nachkommen.

Wir brauchen ein Wachstum an und mit Ideen

Sinnvoll zu produzieren, nachhaltig zu wirtschaften, Hilfreiches für das Leben der Menschen – das damit immer auch zugleich begehrt und marktgängig ist – zu entwickeln, ist Ziel von Umsatz-Maschinen. Mit den Erfolgsstrategien solcher besonders absatzstarker Unternehmen habe ich mich in den vergangenen zehn Jahren intensiv beschäftigt. Und festgestellt, dass ihre überdurchschnittlich gute Performance immer auf besonders guter Marktkenntnis, besonders ausgeprägtem Vertriebsvermögen und besonders gut umsetzbarer Visionstätigkeit beruhte – und zudem auf herausragenden Kompetenzen in Feldern wie exzellenter Führung, Sinn schaffen, Zukunft ermöglichen.

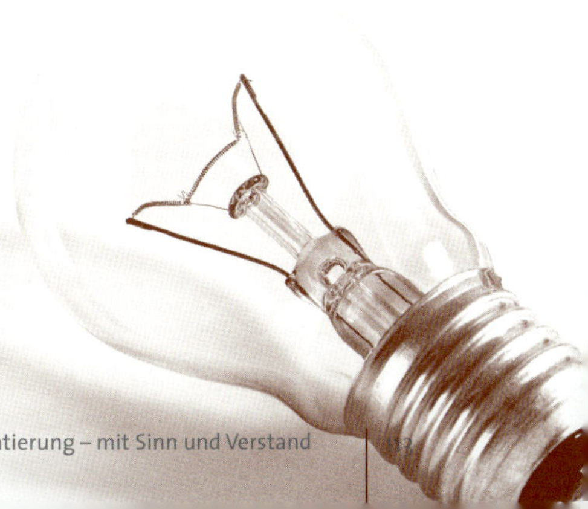

„Gewinn ist notwendig wie die Luft zum Atmen, aber es wäre schlimm, wenn wir nur wirtschaften würden, um Gewinn zu machen, wie es schlimm wäre, wenn wir nur leben würden, um zu atmen."

Hermann Josef Abs,
deutscher Bankier

Gewinn auf Basis der Gegenseitigkeit

Hier erweist sich nochmals die direkte Korrelation zwischen gelebten Werten und erzieltem Gewinn. In einer bekannten Studie hat Rolf Berth bei 307 Teams untersucht, welche der 30 zuvor als besonders wichtig identifizierten Werte sie bevorzugen oder ablehnen. Anschließend wurde ermittelt, welche Rendite diese Gruppen mit ihren Projekten erzielt haben und um wie viel Prozent die Rendite bei den Befürwortern eines bestimmten Wertes höher lag als bei dessen Gegnern (Renditedifferenz). Im Ergebnis zeigt sich, dass Werte aus dem Bereich der ©lean leadership besonders „renditestark" abschnitten:

sich öffnen, um sich im Team zu ergänzen	178 %
alles muss sich rechnen	174 %
sich voll einbringen	171 %
Vertrauen statt Kontrolle	162 %
Freiräume gewähren	146 %
lebenslanges Lernen	145 %

Das ist nur eine von vielen Studien, die darauf weist, dass *erfolg*reiche und umsatzstarke Unternehmen von morgen wertegesteuert sein werden. „Zu stark sind die Kräfte, die das Management freisetzen kann, und zu groß die Einsparungen, wenn Führungskräfte Werte klug einsetzen", schließt der Harvard Businessmanager im Januar 2006.

©lean leader sind gewinnorientiert

Gewinnorientierung auf dem Fundament der Werteorientierung und Nachhaltigkeit, wie es schon im 2. Prinzip der ©lean leadership beschrieben ist, zählt demnach zu den vornehmsten Aufgaben eines ©lean leaders. Denn sein Unternehmen kann nur seinem gesellschaftlichen Auftrag nachkommen, wenn es Umsatz macht, Ertrag erwirtschaftet und Gewinn erzielt – den es wieder investiert.

Machen statt Meckern:

Da Gewinnorientierung und Werteorientierung so eng zusammenhängen, betrachten Sie in dieser Anregung die Aspekte Ihres unternehmerischen Wirkens, die die unmittelbaren Grundlagen für beide schaffen. Jeder der folgenden 4 Entwicklungsschritte bedarf eines längeren Nachdenkensprozesses und es ist wichtig, dass Sie jeden zu Ende gehen. Die meisten Unternehmen gehen noch Schritt 1 und 2, versagen aber bei 3 und 4 – deswegen wird ihnen der absolute Erfolg in der konsequenten Umsetzung bis hin zur Positionierung als mythische Marke versagt bleiben. Und Ihnen?

1. Vision und Mission definieren auf Grundlage des Wertekanons des Unternehmens
2. Kernpositionierung und Expertenstatus des Unternehmens und der Leistungen/Produkte erarbeiten und klar am Kundennutzen ausrichten
3. Leistungen und Produkte emotional aufladen: Emotional Value Added als Alleinstellungsmerkmal am Markt aufbauen
4. Langfristziel: Mythische Marke werden – was macht sie aus?

Das 10. Prinzip de

Vernetzen, um die Weisheit der Vielen zu nutzen

©lean leadership:

Keiner gewinnt allein, daher setzen ©lean leader in Zukunft noch stärker auf die Weisheit der Vielen. Sie arbeiten und denken in vernetzten Strukturen und bedienen sich dafür der modernen Technologien wie auch ihrer ausgeprägten sozialen Kompetenzen.

„Unternehmensführung ist nicht die Beschäftigung mit Gegenwartsproblemen, sondern die Gestaltung der Zukunft."

Daniel Goeudevert,
deutscher Topmanager belgischer Herkunft

Wie können ©lean leader Wissen und Weisheit anderer nutzen?

Die Weisheit der Vielen nutzen ist ein unternehmerisches Gesetz der ©lean leadership, das mehrere Aspekte vereint:

1. Das Erfahrungswissen der Mitarbeiter erhalten und wertschätzen

Zum Ersten: ©lean leader verstehen es, das Wissen, die Erfahrung und die Kompetenz der Mitarbeiter zum Wohl des ganzen Unternehmens zu nutzen. Das bedeutet zunächst, dass sie es erhalten. Man kann keine Idee aus einem Mitarbeiter herauspressen, man kann kein Wissen aus seinem Hirn saugen. ©lean leader erhalten die Ideen, das Wissen und die Leistung ihrer Mitarbeiter freiwillig und freudig. Indem sie fragen – die richtigen Fragen stellen. Indem sie – das ist Management – standardisierte Informations-Abfrageprozesse einrichten. Und vor allem: Indem sie sich über längere Zeit als Zuhörer und Unterstützer ihrer Mitarbeiter qualifiziert haben. Denn erst, wenn Mitarbeiter spüren, dass ihr Wissen und ihre Ideen nicht nur „abgegriffen" werden sollen, sondern dass sie einen *wert*vollen und *wert*geschätzten Beitrag zum Wohl des Unternehmens (und Fortbestehen ihres Arbeitsplatzes) leisten, bringen sie mit Freude ihre Ideen und Erfahrungen ein.

2. Das Marktfeedback vieler Kunden für Zukunftstrends nutzen

Zum Zweiten: ©lean leader setzen Feedback aus dem Markt, setzen Wünsche und Ideen von Kunden und Lieferanten ein, um „epidemischen" Erfolg zu erzielen. Was meine ich damit? Epidemisch bedeutet nach Gladwell, dass aus der Idee Weniger in kurzer Zeit eine Bewegung wird, die einen ganzen Markt ändern kann. Damit wir uns ganz klar verstehen: Ich sage nicht, dass ©lean leader bloß auf Kundenwünsche, also die Stimmen aus dem Markt reagieren. Das ist meist keine echte Innovation, denn es ist nicht Aufgabe der Kunden, fantastische Produkt- oder Dienstleistungsideen zu entwickeln und auch noch „kostenfrei" an Ihr Unternehmen zu liefern. Ich meine, dass Sie „die Weisheit des Marktes" erkennen, indem Sie Zukunftstrends daraus entwickeln, die Sie für Ihre Arbeit, also dafür, Ihr Unternehmen in die wirtschaftliche Zukunft zu führen, nutzen.

Gladwell beschreibt drei Faktoren, die ein epidemisches Wachstum einer Idee (wie einer Krankheit) ermöglichen:

1. Das Gesetz der Wenigen, das die Bedeutung weniger herausragen-

der, enthusiastischer Menschen für das Starten einer Bewegung (leider gilt das aber auch für den Negativfall) hervorhebt, 2. der Verankerungs-Faktor, der sich auf das „Wie“ einer unvergesslichen, ansteckenden Botschaft bezieht, und 3. die Macht der Umstände, die kurz gesagt beschreibt, dass der Schlüssel zur Veränderung des Verhaltens von Menschen in der Veränderung kleinster, aber entscheidender Details, in kleinen Modifikationen der Grundsituation, liegt.

Oftmals machen geringe Modifikationen einen entscheidenden Unterschied – sie können ein Impuls sein, um eine Epidemie auszulösen, schreibt Gladwell. Was können wir darunter verstehen? Geringe Modifikationen an Produkten können ein probates Produkt, das an Grenzen gestoßen ist, zu einem neuen Erfolgsprodukt machen, das sich in seiner Nische epidemisch ausbreitet. Ein Beispiel: Konventionelle Satellitenschüsseln sind den meisten Vermietern ein Dorn im Auge – sie stören die Ästhetik des Gebäudeäußeren und erregen oftmals das Missfallen anderer Mieter oder der Nachbarn. Was aber stört auf keinem Balkon und ist auch gesetzlich erlaubt? Ein paar schön gestylte Balkonstühle! Konsequenterweise bringt ein Anbieter nun Satellitenschüsseln in Form moderner Balkonmöbel auf den Markt. Geringe Modifikation – entscheidender Unterschied.

„Die Zukunft ist ein ernstes Geschäft. Wenn die Kunden die Zukunft vor Ihnen erreichen, sitzen Sie in der hintersten Reihe."

Faith Popcorn,
amerikanische Trendforscherin

3. Wissen und Unterstützung von Mentoren holen

Zum Dritten: ©lean leader profitieren in ihrer eigenen Entwicklung von der Erfahrung von Mentoren und weisen Menschen.
Zentrales Thema hier: Reduktion von Komplexität. Klar sein. Einfach sein. Den Punkt treffen.
Das greift auf unsere Überlegungen zur Steuerung von komplexen Systemen zurück. Man muss das große Bild erkennen, das Wesen hinter den Dingen, um große Hebel ansetzen zu können, um richtig Energie ins System einzubringen, um wirklich etwas zu bewegen. Genau hier können Sie von der Erfahrung, dem Abstand, der Weitsicht und oft den gelebten Beispielen von Mentoren und Vorbildern profitieren.
Suchen Sie sich die Besten aus!
Große Menschen geben ihr Wissen gerne weiter!

4. Kollektive Intelligenz in Experten-Communities aufbauen

Und zum Vierten: ©lean leader nutzen die modernen medialen Möglichkeiten der Vernetzung mit dem Wissen Vieler. Sie beherrschen die Technologien und Strategien, um stets zum richtigen Zeitpunkt das richtige Wissen und Können anzapfen zu können. Recht verstanden: Damit meine ich nicht, auf ein simples Konzept der Schwarmintelligenz zu setzen nach dem Motto: Die Mehrheit kann nicht irren. Denn – und da halte ich es mit Anatole France: „Wenn 50 Millionen Menschen etwas Dummes sagen, bleibt es trotzdem eine Dummheit". Ich meine etwas wie „die Weisheit vieler Experten", deren Wissen und Meinung zusammengenommen neue Lösungswege ermöglicht. Neue Blickwinkel eröffnet und neue Visionen zeigt. So wie die großen Radioteleskope weltweit zusammengeschaltet werden, um Einblicke in fremde Galaxien zu erhaschen, die uns in Vergangenheit und Zukunft blicken lassen. Unser Bild vom Universum erschüttern. Uns immer einen Schritt weiter führen.

Crowdsourcing ist so ein neues Schlagwort, das in diese Richtung weist. Im Prinzip heißt das, dass viele sich untereinander vernetzen, um einander zu helfen, voneinander zu profitieren, „Knowledge-Sharing“ zu betreiben. Warum eigentlich, so frage ich mich, stammen alle diese Begriffe – und auch die vielen in dieser Art aufkommenden Angebote des „social web“, des als Sozialraum funktionierenden Internets – aus dem angloamerikanischen (Sprach-)Raum? LinkedIn, Facebook, Flickr, Twitter, sogar die interaktiven 3-D-Umgebungen oder virtuelle Welten wie Second Life® und neuerdings Hunch („Vorahnung“) als interaktiver Frage-Antwort-Katalog vollziehen gerade den Schritt vom sozialen Kuschelraum zum coachenden Lebens(fragen)-begleiter. Jeder Teilnehmer ist

dabei Quelle und Empfänger neuen Wissens, neuer Informationen, neuer Einschätzungen, neuer Ideen.

Ja, sie haben, ebenso wie die unentbehrlich gewordene, gemeinschaftlich erarbeitete Online-Enzyklopädie Wikipedia, *erfolg*reiche europäische und deutsche Nachahmer gefunden. Doch könnte es sein, dass wir „alten Europäer" noch Agilität im Nutzen der kollektiven Intelligenz in Experten-Communities entwickeln könnten.

Das 10. Prinzip der ©lean leadership: Vernetzen, um die Weisheit der Vielen zu nutzen, ist definitiv ein Zukunftsthema für ©lean leader. Es führt die Energie von vielen, von Mitarbeitern, Kunden, Mentoren und Experten-Communities zusammen. Das ist ökonomisch. Das ist inspirierend. Das sprüht Funken! Das hat den Wow!-Faktor!

Machen statt Meckern:

Hier sind 4 Fragen, die Sie für sich beantworten:

Mitarbeiter

> Bin ich wirklich die Führungskraft, der Mitarbeiter gerne ihre Ideen, ihr Wissen, ihre Erfahrungen anvertrauen? An welchen quantitativen und qualitativen Ergebnissen mache ich das fest?
To Do: Was werde ich konkret tun, um diesen Aspekt meiner Führungstätigkeit zu verbessern? Ideen und Wissen sind die kostbarsten Zukunftsressourcen – was gebe ich meinen Mitarbeitern wertvolles dafür?

Zukunftstrends

> Was tun wir, um Zukunftsmärkte aus den Feedbacks unserer Kunden abzuleiten und Zukunftstrends zu entwickeln? Wie ist der Prozess geregelt?
To Do: Wie können wir diesen Prozess noch verstärken? Wen im Unternehmen beziehe ich in diese Verbesserungsidee jetzt ein?

Mentoren

> Welche Vorbilder in Geschäfts- und Privatleben kenne ich, von denen ich lernen und profitieren könnte? Wem traue ich am meisten zu, wem vertraue ich am meisten?
To Do: Wen werde ich als Mentor ansprechen – und für wen könnte ich Mentor werden?

Experten-Communities

> Wo ist das Expertenwissen gebündelt, das mich voranbringt? Welche hochrangigen, nützlichen, innovationsgetriebenen (globalen Online-)Netzwerke sind die wichtigen für mich?
To Do: Entscheiden, wo genau ich mich engagieren werde – und wo nicht.

Impuls – statt eines Nachwortes

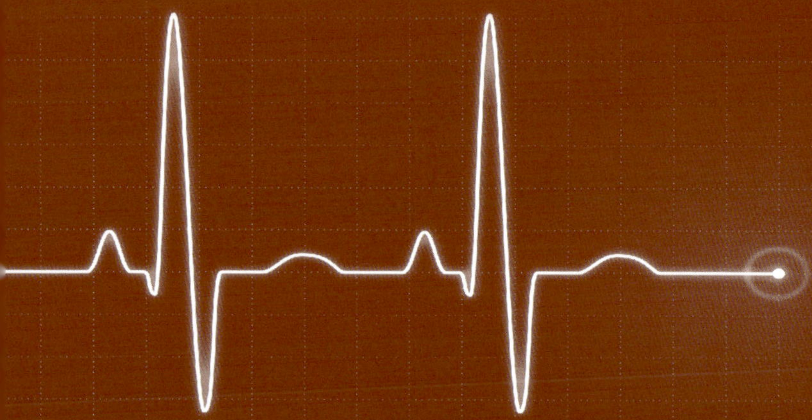

Werden Sie jetzt aktiv! Sie brauchen keine Krise – weder eine wirtschaftliche, noch eine persönliche –, um Handlungsdruck aufzubauen. Wer erst in der Krise anfängt, nach Wegen und Lösungen zu suchen, kann sowieso höchstens noch Schadensbegrenzung betreiben. Als herausragende Führungskraft entwickeln Sie jetzt eine Vision Ihrer Zukunft, der Zukunft Ihres Unternehmens und stellen die Weichen. Die nächste Krise kommt bestimmt – und sie wird Sie weniger treffen, wenn Sie und Ihr Unternehmen auf solidem Fundament stehen!

Sie erinnern sich an die 3 Säulen: Werte-Basis, Nachhaltigkeit, Gewinnorientierung. ©lean leader ruhen in der Entschiedenheit ihrer Handlungen auf solchen Fundamenten. Das gibt Sicherheit. Das gute Gefühl, das Richtige zu tun, um Richtiges zu erreichen. Richtiges, das sind lebenserfüllende Ziele. Über-Aufgaben. James Bond rettet die Welt. Es geht aber auch kleiner. Und dennoch bedeutsam.
©lean leader haben ihre Über-Aufgabe gefunden – und diese hat immer mit Sinn zu tun. Wer etwas tut, nur um bezahlt zu werden, muss irgendwann bezahlen, um es tun zu können. Wenn Sie die beste Führungskraft werden und sein wollen, die Sie sein können, dann lesen Sie nicht nur die 10 Prinzipien der ©lean leadership – dann leben Sie sie!

Die 10 Prinzipien der ©lean leadership

1. Das Wesen der Dinge ist immer einfach und entscheidend.
2. Als Vorbild verbindlich und zuverlässig handeln.
3. Klarheit über Ziele bringt nachhaltigen Erfolg.
4. Glück und Erfolg sind Überwindungsprämien für Mut.
5. Der Mensch steht im Zentrum des Führungshandelns.
6. Führung ist immer mehr als Management – aber das gehört dazu.
7. ©lean leadership schafft den Rahmen für Leistung und Ergebnisse.
8. Mit dem Wow!-Faktor Spitzenergebnisse erzielen.
9. Gewinnorientierung – mit Sinn und Verstand.
10. Vernetzen, um die Weisheit der Vielen zu nutzen.

Die 10 Prinzipien sind einfach. Sie sind klar. Sie sind *wesen*tlich. Sie machen einen Unterschied. Sie sind entscheidend.
Sie sind Ihr Sortiment an Werkzeugen, mit denen Sie an den wirklich wichtigen Stellschrauben der persönlichen und unternehmerischen Entwicklung drehen. Wenden Sie sie an, um einen Hebel für das Bewegen der großen Steine zu haben. So werden Sie zum Energielieferanten für Ihre Unternehmung, Ihr Unternehmen.
Werden Sie als beweisendes Vorbild zum Inspirator für Ihre Mitmenschen, für Ihre Mitarbeiter, Ihre Kollegen, Ihre Familie, Ihre Freunde. Klarheit, *Wesen*tlichkeit, saubere Wertebasis, ethische Selbst-, Mitarbeiter- und Firmenführung, Gewinnorientierung und Kraft für nachhaltigen Unternehmenserfolg – die 10 Prinzipien der ©lean leadership bringen Ihnen Gewinn mit Sinn. *Wert*schöpfung durch *Wert*schätzung. Und *Wert*schöpfung statt Erschöpfung! Denn wenn Sie wissen, dass das, was Sie tun und wie Sie es tun, das Richtige, *Wert*volle, ist, werden Sie die Kraft zur Umsetzung immer mit Leichtigkeit in sich finden. Der Wow!-Faktor!

Was können Sie jetzt tun, um möglichst stark von den 10 Prinzipien der ©lean leadership zu profitieren?

Ich biete Ihnen folgende 3 Dinge an:

> Nehmen Sie dieses Buch immer wieder zur Hand, um die Anregungen aus „Machen statt Meckern" umzusetzen. Es sind *wert*volle kleine Übungen, die Ihnen in Fleisch und Blut übergehen sollten, um mentale Klarheit, Wertebewusstsein, Zielorientierung und Gewinnfokussierung mit Nachhaltigkeit zu schärfen.

- Machen Sie den ©lean leadership-Test, der diesem Buch beiliegt (falls er schon entnommen wurde, können Sie ihn auch online finden unter: www.go-akademie.com/clean-leadership-test). Damit gewinnen Sie mehr Klarheit über Ihren momentanen Status und den Weg, den Sie einschlagen werden, um Ihre Über-Aufgabe zu erfüllen.
- Fordern Sie mich aktiv als Unterstützung! Als Unternehmer, Coach und Referent halte ich es für meine Pflicht, ebenfalls ein beweisendes Vorbild zu sein und zu leben, wovon ich überzeugt bin und worüber ich schreibe und Vorträge halte. Also kommen Sie zu unseren Veranstaltungen und sprechen Sie mich an! Wenn Sie mögen, holen Sie mich in Ihr Unternehmen als Ihren Berater, Coach, Impulsgeber. Sichern Sie sich eine Gratis-Mitgliedschaft in der go!-Community und nehmen Sie an Webinars und Video-Tutorials teil, um mit anderen Führungskräften und mir über die Dinge zu sprechen, die Sie in Führung und Vertrieb bewegen! Diskutieren Sie mit anderen Lesern und Seminarbesuchern sowie Wolfgang Müller, meinem Partner in der go! Akademie, und mir online im go!-Forum unter www.go-akademie.com/forum. Oder schreiben Sie mir dort in meinem Blog – Sie erhalten in jedem Fall eine Antwort!

Meckern gilt nicht. Machen Sie´s!
Starten Sie! Greifen Sie zu! Jetzt!!

Ihr Andreas Buhr

a.buhr@go-akademie.com

Interview mit dem Autor Andreas Buhr

„Umsatz und Wachstum?
Ja – mit Sinn und Verstand!"
©lean leader führen mit Vorbild Firmen zu Umsatz-Maschinen

Er ist Vollblutunternehmer, einer der bekanntesten Speaker im Bereich Führung und Vertrieb, Topreferent 2008, Erfolgsbuchautor, Trainer und Inhaber der wachsenden Business-Weiterbildungsakademie go! Akademie für Führung und Vertrieb. Die Umsatz-Maschine Andreas Buhr heißt nicht nur so, das ist auch sein Thema – und er weiß, worüber er spricht. Im Interview verrät die Umsatz-Maschine, warum sie nicht an den Turbo-Kapitalismus glaubt, aber an unendliches Wachstumspotenzial in der menschlichen Entwicklung.

„Die Umsatz-Maschine" Andreas Buhr, so sind Sie als Top-Speaker bekannt – wie erhält man denn einen solchen Ehrentitel?

Andreas Buhr: Indem man ihn verdient, Ehrentitel kann man sich nicht selbst verleihen. Ich freue mich und bin dankbar, dass die Menschen, mit denen ich gearbeitet habe, die mir zuhören, die meine Bücher lesen, meine PodCasts hören, zu meinen Vorträgen und Seminaren kommen, mich offensichtlich als „Umsatz-Maschine" und damit als authentisch mit meinem Kernthema empfinden. Denn wie Unternehmen zur Umsatz-Maschine werden, erläutere ich mit dem durch die ESB Business School Reutlingen wissenschaftlich abgesicherten System der VertriebsIntelligenz®. Und dafür habe ich besonders umsatzstarke Unternehmen weltweit darauf untersucht, was sie richtig machen, um ihre Position auf immer schwieriger werdenden Märkten ausbauen zu können. Dabei bin ich auf eine Reihe von Erfolgsfaktoren gestoßen, die globale Gültigkeit haben und in jedem Unternehmen funktionieren werden.

VertriebsIntelligenz® macht Unternehmen also zu Umsatz-Maschinen. Was genau verbirgt sich dahinter?

Andreas Buhr: „VertriebsIntelligenz®" ist ein ganzheitliches Kompetenzsystem, das richtig angewendet, Unternehmen zu mehr Umsatz führt. Seine Erfolgsgeheimnisse lassen sich vier Kompetenzbereichen zuordnen. Und das sind: 1. die durchschlagende Marktstrategie, 2. aus Vertriebswissen Vertriebsvermögen machen, 3. ©lean leadership, die herausragende Selbst-Führung der Manager und die exzellente Mitarbeiter- und Unternehmensführung und 4. mit Gestalterkraft auf die Siegerstraße.

Umsatz-Maschinen in der Wirtschaft sind Ihr Thema. Wie sind Sie selbst zur Umsatz-Maschine geworden?
Andreas Buhr: Durch Anwendung der Erfolgsregeln in allen vier Kompetenzbereichen, über die ich spreche und schreibe. Ich habe den Beweis angetreten: „in meinem ersten Leben", als ich mit Aufbau und Führung eines Finanzvertriebes mit mehr als 1.000 Mitarbeitern für einen Konzernumsatz von mehr als drei Milliarden Euro verantwortlich zeichnete. Und dann auch in meinem „zweiten Leben", in dem ich jetzt als Speaker, Referent, Autor und Inhaber einer Weiterbildungsakademie für Unternehmer und Unternehmen, die eine wirtschaftliche Erfolgsgeschichte schreibt, beweise, dass Umsatz-Maschinen Wachstum mit Sinn und Verstand statt mit Gier und Gewalt schaffen.

Über Gier und Gewalt ist im Zusammenhang mit der 2008 beginnenden Wirtschaftskrise viel diskutiert worden. Sie sagen: Krise ist immer zuerst auch Vertrauenskrise. Wie ist Vertrauen in der Wirtschaft aufrecht zu erhalten?
Andreas Buhr: Indem Unternehmen den Wertekanon der ©lean leadership, der herausragenden Führung, leben. Das heißt, dass sie auf sinnvolle Transparenz und Offenheit setzen, auf Zuverlässigkeit, Serviceorientierung, Glaubwürdigkeit und Geduld. Denn nur so können sie auf die lange Bank gute Kundenbeziehungen erhalten oder wiederaufbauen. Es bedeutet, dass sie maximal erreichbar, kommunikativ, klar und belegbar in ihren Aussagen sind – mit Kunden und Mitarbeitern. Es bedeutet, dass sie sich als

maximal zuverlässig und glaubwürdig erweisen und im Service für Ihre Kunden immer eine Extra-Meile gehen. Dabei sollte sich jede Führungskraft ihrer Vorbildfunktion stets und ständig bewusst sein! ©lean leader führen, indem sie Verantwortung übernehmen, indem sie das beweisende Vorbild des Richtigen sind.

Was ist denn „das Richtige"? Das bedeutet doch zweifellos für jedes Unternehmen etwas anderes?
Andreas Buhr: Es ist individuell, doch „das Richtige" beruht immer auf Werten. Auf Sinn. Auf einem soliden Fundament von gelebten Werten lässt sich der beständige Erfolg aufbauen – das Ziel von ©lean leadership! Denn nicht erst in der Wirtschaftskrise ab 2008 wurde deutlich: Die alten Strategien des Turbokapitalismus haben versagt. Es sind neue Antworten, wertigere Antworten nötig, dem Unternehmenszweck – Umsatz zu generieren – mit Sinn und Nachhaltigkeit nachzukommen.
Die Werte, Überzeugungen und Fähigkeiten Ihrer Mitarbeiter machen Ihr Unternehmen aus. Sie sind das, was bei Ihren Kunden ankommt, was letztendlich den Kunden von Ihrem Produkt, Ihrem Unternehmen überzeugt. Und sie machen Ihr Unternehmen einzigartig!
Daher ist es eben so gefährlich, wenn wir uns von der Werte-Ebene entfernen. Wenn Sie nicht mehr an das als *wert*-voll glauben, was Sie tun, dann spüren das Ihre Kunden und Ihre Mitarbeiter. Darum müssen ©lean leader das positive Verhalten vorleben, was sie bei ihren Mitarbeitern erleben und ihren Kun-

den vermitteln wollen. Und sie müssen von ihren Mitarbeitern auch fordern: Geduld, Loyalität und Ausdauer nämlich. Dann können sie als hervorragende Führungspersönlichkeit Team wie Kunden zu sicheren Ufern bringen.

Auf welchen Werten basiert also Ihr eigener Erfolg?
Andreas Buhr: Auf Klarheit, Stimmigkeit, Zuverlässigkeit und Konsequenz. Ich halte Zusagen ein, vertrete klare Standpunkte und biete dadurch auch Orientierung an. So bleibe ich für Kunden und Mitarbeiter berechenbar und kann offen sein für deren Anliegen. Diesen Eindruck verstärke ich durch schlichtes Fragen und Zuhören. So kann sich bei Mitarbeitern und Kunden Vertrauen festigen und stärken. Gerade jetzt ist das für mich ein hoher Wert! Letztlich kann man es in der Quintessenz als eine Art Fokussiertsein verstehen. Wenn das, was ich gerade tue, und der Mensch, der mir gegenüber sitzt, im Mittelpunkt meines Interesses stehen, ergeben sich hieraus gute gemeinsame Erfolgschancen!

Ist aber das westliche Erfolgsparadigma hier nicht schon lange an seine Grenzen gestoßen?
Andreas Buhr: Das hängt natürlich von der Erfolgsdefinition ab. Wenn damit nur die absolute Gewinnmaximierung gemeint ist, dann ist das Erfolg ohne Sinn. Der wird nicht lange glücklich machen und auch nicht lange vorhalten. Ja, ich glaube daran, dass der gesellschaftspolitische Auftrag von Unternehmen der

ist, das Leben von Menschen zu verbessern, Kunden das Leben zu verschönern, nachhaltig zu produzieren und damit Umsatz zu machen. Gewinnorientierung ist schlicht notwendig, um diesen Auftrag auch morgen noch ausführen zu können. Dann macht Gewinn Sinn.
Immer mehr Ressourcen auszubeuten und damit immer mehr zu produzieren, das einen niedrigen Preis und einen noch niedrigeren Wert hat, limitiert sich irgendwann selbst, es stößt an die Grenzen von Nachhaltigkeit, Sinnhaftigkeit, Ethik. *Sinn*-los zu produzieren, hat auch nichts mit Umsatz-Maschinen zu tun. Denn ihr Erfolg beruht ja auf herausragenden Kompetenzen auch in Feldern wie exzellenter Führung, Sinn schaffen, Zukunft ermöglichen.

Es gibt ein unendliches Wachstum, und das ist unser inneres Wachstum, unser Streben nach Wissen und Vervollkommnung, nach Entwicklung und Lebens-Sinn. Wenn ich dazu bei einigen Menschen, die mir zuhören und mit denen ich in nunmehr 25 Jahren gearbeitet habe, beitragen kann, bin ich froh. Das ist mein Erfolg. Wissen Sie, ich bin vielleicht kein Fan von de Gaulle, aber ihm wird ein Wort zugeschrieben, an das ich glaube – nicht nur in Bezug auf mich selbst, sondern in Bezug auf das Potenzial, das in jedem Menschen steckt: „Bedeutende Leistungen werden nur von bedeutenden Menschen erzielt; und bedeutend ist jemand nur dann, wenn er fest entschlossen ist, es zu sein."

„Erfolg ohne Sinn": Kritisieren Sie damit die Entwicklungen seit den späten 90er Jahren mit seinen finanziellen „Exzessen" für Wenige als sinn-los und wert-los?

Andreas Buhr: Eines vorweg: Momentan ist das „Manager-Bashing" sehr populär. Dabei wollen wir aber nicht vergessen, dass es auch Unternehmer gibt, die nicht die besten Führungskräfte waren oder sind, die sie sein können ... Und: Manager sind Angestellte von Eigentümern, und was Eigentümer mit ihren Angestellten vereinbaren, unterliegt zunächst einmal der Vertragsfreiheit. Wenn der Staat die Höhe von Managergehältern begrenzen wollte, wäre das meines Erachtens ein Ding der Unmöglichkeit!

Die Frage ist: Gibt es eine absolute, ethische Grenze für ein Managergehalt? Nein, keine absolute, aber durchaus Relationen, die deutlich signalisieren, dass es jetzt genug ist.

Ein Manager wird normalerweise nach Angebot und Nachfrage auf dem Arbeitsmarkt bezahlt. Wenn das Gehalt aber nicht mehr Resultat dieses Marktprozesses ist, sondern das Ergebnis eines Deals mit dem Aufsichtsrat, muss genau hingesehen werden! Das hat nichts mehr mit dem Markt zu tun, sondern mit einer verantwortungslosen Aufsichtsratspolitik, bei der den Manager, der dem Gesamtwohl des Unternehmens verpflichtet ist, genauso die Schuld trifft wie den Aufsichtsrat, der ein solches Treiben mitmacht. Leistung muss honoriert werden. Und zwar anständig. Dabei ist zu berücksichtigen, ob auch wirklich Leistung und Ergebnis erbracht wurden. Das bedeutet verantwortungsvolles Handeln!

Wie also könnten wirkliche Regulative aussehen?
Andreas Buhr: Der Pay-Performance-Index des manager magazin 2008 zeigte auf, dass nicht Leistung, sondern Fiktion bezahlt wurde: Wenn beispielsweise Bankmanager bei Abschlüssen Boni auf zukünftige Erträge bekommen, egal ob diese wirklich realisiert werden, ist dort etwas aus der Ruder gelaufen, was zu dem ethischen Schaden auch noch den ökonomischen fügt. Es geht auch nicht, dass Gehälter von Managern ohne triftigen Grund deutlich stärker steigen als die Bezüge der Mannschaft. Das weiß und fühlt auch jeder. Und die Inhaber sollten, um ihre Topmanager zu schützen, solche Anhebungen nicht vornehmen, denn die Mitarbeiter werden es nicht verstehen und enttäuscht sein über die geringe Würdigung ihrer eigenen Leistung.

Mit der Vertragsfreiheit ist es wie mit der Freiheit in einer offenen Gesellschaft schlechthin. Diese setzt verantwortliches und ethisches Handeln voraus; und bei Führungskräften die Fähigkeit, Vorbild zu sein. Wer weniger Staat oder Regulierung möchte, muss sich über diesen Umstand im Klaren sein. Ansonsten wird der Staat gedrängt, den fehlenden Anstand mit neuen Regularien durchzusetzen. Und das, weil einige das Maß verloren haben und andere tatenlos zusehen, anstatt ihre „Standesgenossen" an ein paar Grundprinzipien der wesentlichen und verantwortungsvollen Führung zu erinnern? Hier gilt das Prinzip von ©lean leadership!

Alexander Dibelius, Deutschland-Chef von Goldman Sachs, fordert seine Branche nun zu „kollektiver Demut“ auf – ist „Supererogation“ ein richtiger Weg?
Andreas Buhr: Supererogation bedeutet als Begriff aus der Ethik ja, mehr zurückzahlen, als man schuldet. Und das kann tatsächlich ein erster Schritt sein, verspieltes Vertrauen bei Kunden, den Märkten, wieder zurückzugewinnen. Wer von den Top-Entscheidern jetzt so denkt und das auch umsetzt, mag zwar womöglich die Branche etwas düpieren, hat aber auf jeden Fall einen Pflock eingeschlagen, um sich als moralischer, nachdenklicher, änderungsbereiter Manager zu präsentieren. Das kann Markencharakter gewinnen.

Sie haben sich selbst als Topmarke auf zwei Märkten etabliert, in Ihrer ersten Karriere auf dem Finanzdienstleistungsmarkt und nun auf dem Speaker-Markt. Wie haben Sie das gemacht?
Andreas Buhr: Ich habe mich immer zu 100 Prozent mit der Sache, den Produktlösungen, der Philosophie, den Menschen und dem Team identifiziert. Das bedeutete zwar, dass ich als Person meine eigenen Belange hinter diese Ideen zurückgestellt habe, aber das waren die Prioritäten, die ich gesetzt habe. Und auch da bin ich konsequent geblieben. Grundsätzlich ist es wichtig, Lernender zu bleiben, offen zu sein. Immer gehört ein gutes Netzwerk, die Verbindung zu authentischen Menschen mit großen Zielen und inspirierenden Ideen dazu. Menschen, die ©lean leader sind, wie ich sie in Firmen kennengelernt habe, die Umsatz-Maschinen sind. Menschen, die klug sind. Menschen, die Mentoren sind und ihr Wissen teilen. Und ich bin dankbar, wenn ich dazu gehören darf.

Herr Buhr, wir danken Ihnen für das Gespräch!
Das Interview führte Dr. Christiane Gierke, text-ur.de.

Literaturverzeichnis

Hier finden Sie das Verzeichnis der verwendeten Literatur, ergänzt um meine persönlichen Empfehlungen zum Thema:

> Beating the recession: Buying into new European consumer strategies; McKinsey Global Institute, April 2009

> Berth, Rolf: Welche Werte sich für Unternehmen rechnen; Harvard Businessmanager, Januar 2006

> Bresch, Carsten: Zwischenstufe Leben. Evolution ohne Ziel?; Piper, München, 1983

> Brodmerkel, Sven: Wann sind Manager echt?; in: manager-Seminare, Heft 109, April 2007, S. 44-51

> Buhr, Andreas: Agiere! Schritte zur Kraft des Handelns; Orell Füssli, Zürich, 2005

> Buhr, Andreas; ©lean leadership – Gute Führung, fokussiert auf das Wesentliche; in: Netcoo, 04/2008

> Buhr, Andreas: Die Essenz der Führung; in: finanzwelt, 04/2008

> Buhr, Andreas: Die Umsatz-Maschine. Wie Sie mit VertriebsIntelligenz® Umsätze steigern; GABAL, Offenbach, 2006

> Buhr, Andreas: Finanzkrise gleich Vertrauenskrise gleich Wertekrise; in: wissen+karriere, 01/2009

> Buhr, Andreas: Mit werteorientierter Führung durch die Krise; in: finanzwelt, 02/2009

> Buhr, Andreas: Motivationsschub herbeiführen; in: absatzwirtschaft, 2/2009

> Buhr, Andreas: Werte führen zu Wert; in: acquisa, 10/2008

> Buhr, Andreas/Müller, Wolfgang: go! die Kunst das Leben zu meistern; go! LiveVerlag, Düsseldorf, 2008

> Csikszentmihalyi, Mihaly: Das flow-Erlebnis: Jenseits von Angst und Langeweile: im Tun aufgehen; Klett-Cotta, Stuttgart, 10. Auflage, 2008

> Die Erfolgsfaktoren für den nachhaltigen Unternehmenserfolg. Erste Studie in Deutschland; inu GmbH Hg., Essen und Berlin, 2007

> Förster, Anja/Kreutz, Peter Hg.; www.backstage-report.com, Newsletter, hier: 07.04.2009

> Fournier, Cay von: Erfolgreiche Unternehmer von morgen: Exzellenz ist der Weg; in: Zukunftstrends. Sonderheft von Executive Exellence, Bildungsverlag, Waldshut-Tiengen, 2009

> Fournier, Cay von: Die 10 Gebote für ein gesundes Unternehmen; Campus, Frankfurt/New York, 2005

> Frankl, Viktor E.: Der Mensch vor der Frage nach dem Sinn. Eine Auswahl aus dem Gesamtwerk; Piper, München, 2005

- Frauen und Vorbilder. Eine empirische Studie unter männlichen und weiblichen Führungskräften im deutschsprachigen Raum; accenture HG.; o. V., o. O. 2007
- Fuchs, Helmut/Gratzel, Dirk C.: Launologie: Mit neuem Schwung durchs Leben; Heyne, München, 2007
- Führen in der Krise – Führung in der Krise? Führungsalltag in deutschen Unternehmen; Akademie-Studie 2003; Akademie für Führungskräfte der Wirtschaft GmbH, Überlingen, 2003
- Gierke, Christiane: Persönlichkeitsmarketing; Gabal, Offenbach, 2005
- Gierke, Christiane/Müller, Ralph: Unternehmen in SECOND LIFE®. Wie Sie in virtuellen Welten reales Geschäft machen können; Gabal, Offenbach, 2008
- Gladwell, Malcolm: Tipping Point. Wie kleine Dinge Großes bewirken können; Goldmann, München, 4. Auflage, 2002
- Gladwell, Malcolm: Überflieger. Warum manche Menschen erfolgreich sind – und andere nicht; Campus, Frankfurt/New York, 2009
- Hüther, Gerald: Bedienungsanleitung für ein menschliches Gehirn: Vandenhoeck & Ruprecht, Göttingen, 2006
- Hüther, Gerald: Die Macht der inneren Bilder. Wie Visionen das Gehirn, den Menschen und die Welt verändern; Vandenhoeck & Ruprecht, Göttingen, 4., unveränd. Aufl. 2006

- Innerhofer, C./Innerhofer, P./Lang, E.: Leadership Coaching; 2. neubearbeitete Auflage, Luchterhand, Neuwied/Kriftel, 2000
- Kleinhenz, Susanne: Der Mann im weiblichen Jahrhundert: Was Männer und Frauen voneinander lernen können; Gabal, Offenbach, 2008
- Johnson, Spencer: Die „Ja oder Nein"-Strategie für Manager; Entscheidungen erfolgreich treffen; Rowohlt, Hamburg, 2004
- Leonard, George: Der längere Atem; Integral Verlag, München, Taschenbucherstausgabe 2006
- Malik, Fredmund: Führen Leisten Leben: Wirksames Management für eine neue Zeit; Heyne, München, 2003
- Malik, Fredmund: Unternehmenspolitik und Corporate Governance. Wie Organisationen sich selbst organisieren; Campus, Frankfurt/New York, 2008
- Micic, Pero: Das ZukunftsRadar. Die wichtigsten Trends, Technologien und Themen für die Zukunft; Gabal, Offenbach, 2. Auflage, 2006
- Müller, Wolfgang/Bednarek, Joachim: Kommunikation; in: StartUp in den Job; VDE-Verlag, Berlin/Offenbach, 2006, S. 255–311
- Nidiaye, S. et al: Führung durch Intuition. Die entscheidende Wende im Management; Ariston, Kreuzlingen, 1997

- Peter, Laurence J./Hull, Raymond: Das Peter-Prinzip oder Die Hierarchie der Unfähigen. Rowohlt, Hamburg, 1972
- Pöppel, Ernst: Zum Entscheiden geboren: Hirnforschung für Manager; Hanser Fachbuch, München, 2008
- Scheelen, Frank: Megatrend Mensch®: Ganzheitliche Mitarbeiterentwicklung als strategische Zukunftsaufgabe; in: Zukunftstrends. Sonderheft von Executive Exellence, Bildungsverlag, Waldshut-Tiengen, 2009
- Scheelen, Frank/Tracy, Brian: Personal Leadership, Moderne Verlagsges. Mvg; 3., komplett überarbeitete und aktualisierte Auflage, 2005
- Seiwert, Lothar J.: Das neue 1x1 des Zeitmanagement: Zeit im Griff, Ziele in Balance. Kompaktes Know-how für die Praxis; Gräfe und Unzer, 2007
- Simon, Hermann: 33 Sofortmaßnahmen gegen die Krise. Wege für Ihr Unternehmen; Campus, Frankfurt/New York, 2009
- Watzlawick, Paul: Wie wirklich ist die Wirklichkeit?; Piper, München, 2001
- Wettbewerbsfaktor Energie; McKinsey & Company Hg., o. O., April 2009

Akademie für Führung und Vertrieb go!
"Wer heute den Kopf in den Sand steckt, knirscht morgen mit den Zähnen."
... so kriegen Sie den Kopf frei: Unternehmerischer Erfolg mit den Trainings und Bildungsmedien der go! Akademie für Führung und Vertrieb
COACHCAST®
Der Podcast für Ihren Erfolg in Führung und Vertrieb
Der Podcast für Führung und Vertrieb, nominiert für den European Podcast Award
Jetzt gratis für Sie auf:
www.go-akademie.com/wissen
go! Akademie für Führung und Vertrieb
Fon 0 211 966 66 45 • Fax 0 211 966 66 52 • info@go-akademie.com • www.go-akademie.com
Grafenberger Allee 115 - 117 • 40237 Düsseldorf

Weitere Impulse für Ihren

Bücher

Top-Führungskräfte mögen Menschen. Darum gelingt es ihnen Mitarbeiter so zu führen, dass sie Höchstleistungen erbringen. Dazu werden Ihnen die in diesem Buch beschriebenen sieben Wachstumsgesetze einen guten Dienst erweisen!
Denn Führung ist kein Selbstzweck. Sie dient dem Wachstum des Unternehmens und der Weiterentwicklung der Menschen, die für die Firma ihr Können und ihre Energie einsetzen.

Hohl, Dieter:
Führung als Dienstleistung (er)leben
go! LiveVerlag
156 Seiten
2010
ISBN 978-3-9812161-5-8
EUR 14,90

Mitarbeiterführung, Verkaufsgespräche, Verhandlungen: Ständig versuchen wir, mit kommunikativen und oft manipulativen Mitteln, andere Menschen von unseren Vorstellungen zu überzeugen. Doch das greift zu kurz! Denn oft verfügen unsere Gesprächspartner über Wissen und Kompetenzen, von denen wir noch mehr profitieren, wenn sie in unsere Konzepte einfließen. Das Beste von allen Ideen zu nutzen – genau dahin bringt Sie das go-i-Prinzip!

Müller, Wolfgang:
Das go-i-Prinzip. So gewinnen Sie dauerhaft Menschen für Ihre Ideen
go! LiveVerlag
152 Seiten
2010
ISBN 978-3-9812161-6-5
EUR 14,90

Es gibt nur eine Handvoll Parameter, an denen ein Unternehmen „schrauben" kann, um im Wettbewerb zu bestehen. Wenn der Weg nicht heißt: Massenentlassungen, Billigst-Preis-Ideologie, Investitionsstopp, dann gibt es nur eines: Die Umsätze müssen rauf. Es gibt Unternehmen, die wahre Umsatz-Maschinen sind: Dieses Buch zeigt ihre Erfolgsgesetze.

Buhr, Andreas:
Die Umsatz-Maschine. Wie Sie mit VertriebsIntelligenz® Umsätze steigern
GABAL Verlag
250 Seiten
2006, 3. Auflage
ISBN 389-749-631-3
EUR 24,90

Machen Sie JETZT Ihren persönlichen und kostenfreien VertriebsIntelligenz®-Test!
www.vertriebsintelligenz.com

Diese und viele weitere Bücher und Medien finden Sie direkt und praktisch bei www.go-live-verlag.com

unternehmerischen Erfolg

In Zeiten von Social Media warten Kunden nicht mehr auf neue Produkte, sie möchten sie mitgestalten. Sie geben mit ihrer Kaufentscheidung Statements ab, sie vernetzen sich und bewerten alle Produkte und Preise – überall. Das erfordert ein massives Umdenken im Vertrieb. Andreas Buhr zeigt, wie ein solches Umdenken stattfinden kann. Auf Grundlage einer umfassenden Umfrage der ESB Business School Reutlingen und der go! Akademie für Führung und Vertrieb AG beleuchtet er die heutigen Anforderungen an Verkauf und Vertrieb und entwickelt klare Strategien und Tipps, den Kunden 3.0 zu gewinnen.

Buhr, Andreas:
Vertrieb geht heute anders.
Wie Sie den Kunden 3.0 begeistern
GABAL Verlag
250 Seiten
2011
ISBN 978-3869362304
EUR 29,90

Dieses Buch weckt Ihre versteckten Energien! Erarbeiten Sie Ihre persönliche Strategie für optimale Lebensqualität und Selbstverwirklichung. Dafür lernen Sie, das Prinzip des Lebensrades gezielt für sich einzusetzen und die Bereiche Ihres Lebens in Harmonie und Balance zu bringen.

Buhr, Andreas und
Müller, Wolfgang:
go! Die Kunst das Leben
zu meistern
go! LiveVerlag
187 Seiten
2008, 3. Auflage
ISBN 978-3-9812161-2-7
EUR 19,90

Es gibt kein Geheimrezept für jeden Kundenkontakt – eine Gesprächstechnik, die bei dem einen Kunden erfolgreich ist, spricht einen anderen womöglich im Wortsinne nicht an. In diesem praktischen Handbuch zeigt Andreas Buhr auf, wie sich Vertriebsmitarbeiter schnell auf die Persönlichkeit jedes einzelnen Interessenten einstellen und durch die richtige und individuell passende Produkt-Präsentation positive Gefühle beim Kunden auslösen können. Die quasi natürliche Folge: Steigerung des Vertriebserfolgs.

Buhr, Andreas:
Vermittler trifft Kunde.
Strategien für ein
typgerechtes Verkaufsgespräch
LexisNexis
72 Seiten, Taschenbuch
2010
ISBN: 978-3-89699-404-2
EUR 6,96

Weitere Impulse für Ihren

Hörbücher

Die Umsatz-Maschine
Hörbuch auf 6 Audio-CDs
ISBN: 978-3-9053576-22
EUR 69,90

AGIERE - Schritte zur Kraft des Handelns
Hörbuch auf 5 Audio CDs + MP3-CD
ISBN: 978-3-8666731-68
EUR 14,80

DVDs

Die Umsatz-Maschine - LIVE
go! LiveVerlag
EUR 39,90

Die Umsatz-Maschine - SEMINAR
go! LiveVerlag
EUR 69,90

Audio-CD

„So führen Sie als Unternehmer mit VertriebsIntelligenz®"

Der mitreißende Vortrag von Andreas Buhr auf dem Tag der Wirtschaft vor 2.900 Unternehmern!

Reihe: Business Audio
1 CD
EUR 9,90